臺灣教育評論學會策劃
2017年度專書

教育學門的研究倫理
理念、實況與評析

方志華　　張芬芬　主編

張芬芬、方志華、黃政傑、李琪明、王立心
吳清山、王令宜、張德銳、李思賢、黃懷蒂
盧　萱、鍾志從、林雍智、吳善揮、謝金枝　　著
鄭英傑、蔡清田、許育健、丁一顧、李涵鈺
黃宇仲、何慧群、永井正武、尹玫君、張琬翔
徐超聖、危芷芬、林英傑、陳延興、葉建宏

五南圖書出版公司 印行

理事長序

　　臺灣教育評論學會是依法設立的非營利社會團體，宗旨在促進教育政策與實務之評析、研究與建言，提升教育評論領域之學術地位。臺評學會除了按月發行《臺灣教育評論月刊》和定期舉辦教育論壇外，更逐年出版年度評論專書。

　　本書《教育學門的研究倫理：理念、實況與評析》是臺評學會2017年度評論專書，本書以教育研究中的倫理議題為評論範圍，聚焦在與教育領域研究倫理有關之實例說明、問題評析與對策建言。亦即，書中的各篇評論文章分就教育研究中的倫理議題，提出見解，以及對研究人員、政府單位、學術研究單位／大學校院、學術社群或學術團體等，做出建議。

　　美國第三任總統、《美國獨立宣言》主要起草人以及最具影響力的開國元勳之一傑佛遜（Thomas Jefferson, 1743-1826）曾說：我認為倫理和宗教是政府法律的補充（I consider ethics, as well as religion, as supplements to law in the government of man）。本書付梓前，適逢教育部訂定的「專科以上學校學術倫理案件處理原則」自2017年5月31日起生效，此一處理原則除了彰顯傑佛遜所說的倫理角色之外，也凸顯本書切合時需，值得閱讀。

　　本人謹代表臺評學會感謝臺北市立大學學習與媒材設計學系張芬芬教授兼系主任與方志華教授擔任主編、24篇文章作者的費心撰稿、學會祕書處同仁的辛勞協助，以及五南圖書出版股份有限公司的協助出版。

李隆盛 謹序
於中臺科技大學

目　次

第一篇　導　論

第一章　教育研究倫理面面觀　　　　　　　（張芬芬、方志華）　3

第二篇　理念與制度篇

第二章　評科技部專題計畫倫理審查　　　　　　（黃政傑）　15

一、前言　17

二、背景脈絡　17

三、問題討論　19

四、改進建議——代結語　22

第三章　研究倫理「審查」符合倫理嗎？

教育專業委員的自省與建議　　　　　　（李琪明）　27

一、前言～「不識廬山眞面目，只緣身在此山中」　29

二、思辨～「水能載舟，亦能覆舟」　30

三、建議～「見山又是山，見水又是水」　33

第四章　教育學門研究倫理治理架構技術化的

迷思與隱憂　　　　　　　　　　　（王立心）　37

一、研究倫理的尋求與期待　39

二、削足適履的研究設計　40

三、結語　43

第五章　教育研究倫理規範與實踐　　　（吳清山、王令宜）　47

一、前言　49

二、教育研究倫理的意涵和原則　50

三、教育研究倫理準則的建構　52

四、教育研究倫理準則的實踐作為　　　　　　　　54

五、結語　　　　　　　　　　　　　　　　　　　57

第六章　**教育研究倫理審查的美麗與哀愁**　　（張德銳）　61

一、前言　　　　　　　　　　　　　　　　　　　63

二、實例說明　　　　　　　　　　　　　　　　　63

三、問題評析　　　　　　　　　　　　　　　　　65

四、對策建言　　　　　　　　　　　　　　　　　66

第三篇　實況與實例篇

第七章　**我國教育領域研究倫理審查：臺灣與美國規範及**
　　　　實務評析　　（黃懷蒂、鍾志從、盧萱、李思賢）　71

一、前言　　　　　　　　　　　　　　　　　　　73

二、教育領域研究是否得免審查　　　　　　　　　73

三、免除審查的前題　　　　　　　　　　　　　　74

四、教學研究的免除審查　　　　　　　　　　　　75

五、教育領域研究與法定代理人知情同意　　　　　76

六、學校在教育領域研究中擔任的角色　　　　　　78

七、結語：更彈性多元的研究倫理審查　　　　　　79

第八章　**日本教育學門各學會的研究倫理規範與**
　　　　啟示　　　　　　　　　　　　（林雍智）　81

一、前言　　　　　　　　　　　　　　　　　　　83

二、日本制定研究倫理規範的沿革　　　　　　　　84

三、教育學門各學會制定研究倫理規範的情形　　　86

四、教育學門各學會研究倫理規範之內涵　　　　　　87

五、日本案例對我國的啓示　　　　　　　　　　　　90

六、結語　　　　　　　　　　　　　　　　　　　　92

第九章　香港中小學教師進行教育研究之倫理困境

　　　　及其改善策略　　　　　　　　　（吳善揮）　97

一、引言　　　　　　　　　　　　　　　　　　　　99

二、教師進行教育研究的倫理守則（眞、善、美）　100

三、香港中、小學教師進行教育研究的倫理困境　　101

四、香港中、小學教師進行教育研究的倫理困境之

　　改善策略　　　　　　　　　　　　　　　　　103

五、總結　　　　　　　　　　　　　　　　　　　105

第十章　國立臺灣師範大學研究倫理審查實證分析：

　　　　以104-105年臺師大受理案件爲例

　　　　　　　　　（李思賢、黃懷蒂、盧萱、鍾志從）107

一、前言　　　　　　　　　　　　　　　　　　　109

二、臺師大研究倫理審查案件實證分析　　　　　　109

三、討論與建議：研究倫理審查的經驗累積與努力　117

第十一章　教育研究倫理審查內容之分析：

　　　　　以兩所大學爲例　　　　　　　（謝金枝）121

一、前言　　　　　　　　　　　　　　　　　　　123

二、背景　　　　　　　　　　　　　　　　　　　123

三、分析方法　　　　　　　　　　　　　　　　　125

四、案例　　　　　　　　　　　　　　　　　　　127

五、結論　　　　　　　　　　　　　　　　　　　132

六、建議　　　　　　　　　　　　　　　　　　133

第十二章　解決問題還是製造另一個問題：新住民女性及其子
　　　　　女相關教育研究之正向與負向影響評析　（鄭英傑）　135
　　　一、「誰」被說有「問題」？「誰」需要被
　　　　　「協助」？　　　　　　　　　　　　　137
　　　二、教育研究幫助到了什麼？　　　　　　　138
　　　三、教育研究傷害到了什麼？　　　　　　　138
　　　四、該怎麼辦？——從「染黑型研究」、
　　　　　「漂白型研究」再到「灰色型研究」　140

第四篇　研究方法篇

第十三章　教育行動研究的研究倫理實例與評析　（蔡清田）　147
　　　一、行動研究的「問題意識」與教育研究的
　　　　　專業倫理　　　　　　　　　　　　　149
　　　二、行動研究的「研究歷程」與研究倫理　151
　　　三、結語　　　　　　　　　　　　　　　155

第十四章　教學行動研究後之「變」與「不變」　（許育健）　157
　　　一、前言　　　　　　　　　　　　　　　159
　　　二、「變」了什麼？　　　　　　　　　　160
　　　三、「不變」的是什麼，為什麼？　　　　163
　　　四、評析與省思　　　　　　　　　　　　166

第十五章　研究倫理議題：

問卷調查不可迴避的挑戰　（丁一顧）171

一、前言　173

二、問卷調查研究倫理的必要性　174

三、問卷調查的案例回顧與倫理檢視　175

四、結論與展望　176

第十六章　他律到自律：

談論文抄襲與未適當引註　（李涵鈺）179

一、前言　181

二、什麼是抄襲？　181

三、一般國際期刊的做法　182

四、如何避免抄襲？　184

五、建議策略　185

六、從他律到自律　187

第十七章　從次級資料分析探討教育研究中的

倫理議題　（黃宇仲）191

一、實例說明：承先啓後，運用次級資料分析做

研究　193

二、問題評析：次級資料分析中所涉及的研究倫理　194

三、對策建言：善用次級資料分析，恪守研究倫理

規範　196

第十八章　現代學術研究規範：邏輯實證方法論與

專業自律　　　　　　　　　　（何慧群、永井正武）199

一、前言　201

二、研究執行　201

三、研究規範　203

四、研究工具與實例　204

五、結論　209

第五篇　指導學生篇

第十九章　研究生研究不當行爲影響因素的探討

（尹玫君、張琬翔）215

一、前言　217

二、影響研究不當行爲的因素　217

三、減少研究生研究不當行爲的建議　221

第二十章　研究生資料蒐集與分析的「僞眞實」現象反思：

以「文獻探討」爲例　　　　　　（徐超聖）225

一、前言　227

二、資料蒐集與分析的倫理規範　228

三、「文獻探討」資料蒐集與分析的「僞眞實」

現象　229

四、「文獻探討」的「僞眞實」現象的修正建議　231

五、結語　233

第二十一章　教育研究的研究倫理：師生關係對知情同意
和保密性的影響　　　　　　　（危芷芬）235

一、研究倫理沿革　237

二、研究倫理的主要議題　238

三、教師與學生的權力關係與研究倫理　241

四、結論與建議　242

第二十二章　「同理的洞察」與「綜效原則」造就
教育研究倫理A+　　　　　　（林英傑）245

一、同理的洞察　247

二、同理的洞察實例　248

三、綜效原則　248

四、綜效原則實例　250

五、結語　250

第二十三章　大學教師指導學生學術誠信議題之探討（陳延興）253

一、前言　255

二、學生學術不誠信的案例討論　256

三、研究倫理之教導　258

四、結語　260

第二十四章　我國研究生負責任的研究行為初探：
以課程報告為例　　　　　　（葉建宏）263

一、前言　265

二、負責任的研究行為　266

三、課程報告違反負責任的研究行為之案例　267

四、研究所學生違反負責任的研究行為之
因素探析　269

五、結語與建議　270

第一篇

導　論

第一章

教育研究倫理面面觀

張芬芬
臺北市立大學學習與媒材設計學系教授兼系主任
方志華
臺北市立大學學習與媒材設計學系教授

　　「輕忽倫理問題，這態度本身就是不道德的」，這是P. H. Mirvis
與S. E. Seashore在1982年提醒學界重視研究倫理的警語（轉引自Miles
& Huberman, 1994, p.288）。詩聖杜甫有云：「文章千古事，得失寸
心知」。的確！文章是可以傳之千古的宏大事業，作者應深思自己寫作
上的得失，俯仰無愧於自己的良心。一般文章如此，學術論文更是如
此。

　　科學研究不僅涉及科學方法與科學內容，它更牽涉許許多多倫理問
題。而以人爲探究對象的科學研究，無論是人體研究，或行爲科學研
究，身爲這類研究者必須清晰覺察、深謀遠慮、公正協商、睿智權衡
研究行爲所關聯到的各種人際關係，判斷怎樣的研究抉擇與行爲，才
是正確的、正義的、適切的；包括對研究對象／參與者、研究團隊／
夥伴、研究資助者、研究報告的閱聽者／使用者，甚至對整個學術社
群，這些研究關係中均涉及諸多研究倫理。

　　我國科技部人文司自2010年起推動人類研究的倫理審查，教育
部於2014年訂定「人體研究倫理審查委員會查核作業要點」。而各
學術研究單位與大學校院也陸續設置研究倫理的相關組織，制定審查
法規，且實際進行審查作業；更開始辦理公聽會、諮詢會議、專題演
講、教育訓練等，以期提升研究者對研究倫理的認識與實踐。儘管如
此，近年來臺灣隔一陣子就出現引人注目的研究倫理重大新聞，而未見
諸媒體卻引人議論、可能位於灰色地帶之研究行爲，學界人士也時有耳
聞。再者，任何一位認眞思考倫理問題的研究者，也都會同意：法規
只能訂定最低的道德門檻，研究者通常並不會以不違反審查標準爲已
足，而會以更高道德標準去審度合適的研究行爲；更何況教育研究以人
作爲探究對象，而人的情況千變萬化（尤其是質性研究），且倫理學派
別繁多觀點各異，許多兩難困境實在不易論斷是非黑白，可能根本無法
以法規去規範。這些均在在顯示：教育研究的倫理問題相當繁複，非常
値得予以深究。

　　「科技部對研究人員學術倫理規範」（科技部，2014.10.20）指
出，違反學術倫理的主要不當行爲，包括「造假、變造、抄襲、研究成
果重複發表或未適當引註、以違法或不當手段影響論文審查、不當作者

列名」等。若由學術角度去看，研究倫理所涉及的面向可能比上述項目更廣；研究者面對的道德兩難困境，更遠超過上述範圍。

有鑑於研究倫理之重要，且臺灣教育學門研究的審查規範，正處於建構與實踐修正的階段，《教育學門的研究倫理：實例、問題與評析》一書匯集關心教育領域研究倫理問題之評述文章二十四篇，依據論述所關切的問題面向，分為「導論」、「理念與制度」、「實況與實例」、「研究方法」，以及「指導學生」五個篇章，每個篇章除導論篇外，約五到六篇文章，期望能提供教育決策者、研究者，以及師生在教與學歷程中的參考。

「理念與制度篇」的五篇文章，主要對於臺灣教育學門專題計畫審查的制度與經驗，提出反思與提醒，也提出未來政策研擬的中肯建議。

在「評科技部專題計畫倫理審查」一文中，作者黃政傑特別針對「倫理審查委員會」（簡稱「倫審會」）及治理機制提出：須對運作、組織、收費、審查資格、追蹤、研究衝擊等進行公開評估與檢討改進；專題計畫審查的倫審標準應予更新；倫審機構宜以服務而非盈利為目的；以及強化倫審的學術專業、自主與自律，並清楚劃分學者、大學和研究機構及倫審會的權責，回歸研究社群自律的精神。

「研究倫理『審查』符合倫理嗎？教育專業委員的自省與建議」一文，作者李琪明也針對審查機制，提出「法規化」、「標準化」「體制化」可能帶來的問題加以思辨，並建議：區隔「人體研究」與「人類研究」審查、「人類研究」改為「事前登錄與事後備查」，以及將倫審會的管理角色轉為諮詢角色等，以期研究倫理審查能回歸為有正當性與可行性的手段。

「教育學門研究倫理治理架構技術化的迷思與隱憂」一文，作者王立心提醒應要特別重視教育研究的專業性與個殊性、以及權力弱勢的研究對象，並進一步提醒要避免「官僚制度化的審查會議取代了研究者研究專業與責任，或造成寒蟬效應與研究偏食現象」，正是從不同角度呼應前二文之憂心。

吳清山、王令宜在「教育研究倫理規範與實踐」一文中，以「新加

坡研究誠信宣言」爲例說明研究誠信的重要，分析教育研究倫理的意涵和原則、準則建構；指出臺灣在教育學門研究倫理規範的建立上，比歐美國家爲晚，故仍需要政府機關、學術團體、學術機構和研究者四方共同努力，最後並提出教育研究倫理的五個未來踐行的重要方向。

「教育研究倫理審查的美麗與哀愁」一文，作者張德銳則以感性的口吻娓娓道來自身接受倫理審查的經驗，指出由人體研究轉化爲人類研究的審查歷程，有種種適切性的問題與限制；並由此提出審查分類、委員資格、免審範圍、教材教法、補助費用，以及表格減化等六項實務上的建議。

「實況與實例篇」共有六篇評論，包括：美國的研究倫理審查、日本教育學會規範、香港中小學研究倫理現況、臺灣師大審查案件分析、澳洲與歐洲大學研究申請之分析、臺灣新住民研究意識型態之倫理問題等，呈現多國多面向的研究倫理的實況與實例。

李思賢、黃懷蒂、盧萱、鍾志從等在「我國教育領域研究倫理審查：臺灣與美國規範及實務評析」一文中，由美國經驗探討臺灣有關「一般教學之免審查」和「法定代理人知情同意」兩個議題。該文提出美國是依研究程序與性質而採取個別審查與多元討論；對於受研究者爲學校學生時，法定代理人的知情同意，也有相應的彈性處理方式，可作爲臺灣借鏡參考。

在「日本教育學門各學會的研究倫理規範與啓示」一文中，作者林雍智說明日本教育學門制定研究倫理規範的沿革、各學會制定規範的情形和內涵，以及日本案例對我國的啓示，包括：各學會建立共通研究倫理規範、研究倫理素養的培育、以及架構資源平臺提供典範案例與做法參考等，建議清楚而詳實。

吳善揮在「香港中小學教師進行教育研究之倫理困境及其改善策略」一文中，以香港中小學教育革新需求爲主，說明中小學教師進行教育研究之倫理困境，以及相關的改善需求與策略，包括：設置研究倫理指引、加強師資培訓、成立校內教研委員會、設置中小學微型研究基金、推動聯合大學科研等；該文可提供中小學教師進行研究時遇到倫理困境之參考。

　　李思賢、黃懷蒂、盧萱、鍾志從等在「國立臺灣師範大學研究倫理審查實證分析：以104-105年臺師大受理案件為例」一文中，運用臺師大倫審會216個案件，進行人體研究與人類研究兩類分析。研究發現：免審及微小風險案轉送之數量呈現降低趨勢、案件量以4-5月及12月為高峰期。檢討之問題包括：人體與非人體研究區分不易、涉未成年人與微小風險之審查增添了時間成本，以及倫審會處於財務艱難與研究者費用負擔雙重壓力等；該文分析了重要的趨勢，並由審查經驗中累積中肯建議。

　　「教育研究倫理審查內容之分析：以兩所大學為例」一文中，作者謝金枝分析澳洲佛林德斯大學及歐洲馬爾他大學的研究申請表和倫理審查內容，依據貝爾蒙特報告中的「尊重個體」、「福祉」及「公平正義」三項原則，檢視兩所大學具體研究倫理內容的共通點和相異點。該文提出學校制定研究倫理審查申請表可包括的重點、倫理原則，以及可以加入國內外合作研究者的訊息，也特別指出宜因應跨校及跨國研究的趨勢。

　　「解決問題還是製造另一個問題：新住民女性及其子女相關教育研究之正向與負向影響評析」一文，作者鄭英傑以新住民的教育研究為例，呈現「染黑型研究」與「漂白型研究」的現象，並提出「灰色型研究」，即以不具「標籤化」以及「刻板印象」字眼去看待研究議題，並考量因素間「多維盤錯」的關係，避免落入單一因素決定論的弊端。此文深具在意識型態中挖掘研究倫理議題的思維。

　　「研究方法篇」共有六篇評論，包括行動研究、問卷量化研究、次級分析研究、抄襲引註問題，以及教育專業自律等。

　　蔡清田在「教育行動研究的研究倫理實例與評析」一文中，舉教育現場的行動研究論文為實例進行評析，提醒研究者要進行批判自我的反思，並提醒行動研究者，如何連結行動研究的問題意識與專業倫理的關係，以及思考行動研究歷程與研究倫理的關係。此文掌握了教育行動研究的特質。

　　「教學行動研究後之『變』與『不變』」一文，作者許育健提出了一個當頭棒喝的反思：若教學現場之行動研究，只是為了研究者完成個

人畢業所需之研究而行動，而非以研究對象學生的良善利益爲出發，則大量中小學現場教師的教學行動研究，到底留下什麼？該文除了呈現教學研究者的心聲與處境外，也對教學行動研究能發揮後續研究效益提出具體建議：將行動研究融入學校本位課程、成立教師社群研究、研究結果作爲研討材料，以及建立配套機制等。

丁一顧在「研究倫理議題：問卷調查不可迴避的挑戰」一文中舉出兩個案例，指出確保問卷調查實施過程關注受試者的福祉，是教育研究者的任務。該文並提出問卷調查實施中應注意的研究倫理，包括：不以調查數量大爲藉口、不因研究方便而造成調查對象不便，以及問卷說明欄須闡述研究倫理並確實執行的重要等六個實務上的倫理原則。

「他律到自律：談論文抄襲與未適當引註」一文中，作者李涵鈺先討論抄襲的定義，再探討國際期刊對抄襲偵測比對系統的運用；對於研究者避免犯下抄襲的策略，該文建議要勤做筆記、重述、分析與評價資料來源等，並舉例說明國際期刊編輯在學術倫理責任上的做法；該文最後仍諄諄提出，自律的重要更甚他律，簽署「著作利用授權書」正是對學術倫理規範負責的表現。

「從次級資料分析探討教育研究中的倫理議題」一文中，作者黃宇仲探究次級資料分析中所涉及的研究倫理議題來自：因便於研究而產生的倫理問題、資料使用時的倫理問題，以及質性或量化研究中的倫理問題等；對於進行次級資料分析時要注意的研究倫理建議包括：資料庫擷取與選擇、資料庫引用與處理、資料庫時序與價值等三個面向。對於愈來愈多運用次級資料的研究而言，本文是重要參考。

何慧群、永井正武在「現代學術研究規範：邏輯實證方法論與專業自律」一文中自述該文是「運用5W1H與MSM數理工具構建與表徵本文相關要素與脈絡詮釋，藉以凸顯：兼顧專業實踐與科學理性的研究活動、概念結構分析數值化與視覺化，以及架起溝通平臺與後設論述依據。」該文提出「研究資料與規範圖」、「傳統與現代學術研究要素構建表」、「5W1H與現代學術研究要素構造表」、「學術研究MSM圖」等，本文已架構了可供客觀討論的溝通平臺。

教育研究倫理素養的培育，治本之道還是須從課程修習與研究生指

導過程中去實踐。「指導學生篇」收錄的六篇研究包括：影響研究生不當行為之因素、研究生資料蒐集與分析的現象、教育研究現場的師生關係、同理洞察和綜效原則的運用、學術誠信議題、以及學生不負責任的作業和研究行為等。

尹玫君、張琬翔在「研究生研究不當行為影響因素的探討」一文中，從個人、情境和社會等三面向，探討影響研究生研究不當行為的因素。個人方面包括是否參與研究倫理相關課程或研習、是否知道學校有相關規範、對研究不當行為的認知等，情境方面和社會因素也各討論三項和二項相關因素。最後說明英國設立公部門去處理研究倫理的做法等，提供臺灣參考。

徐超聖在「研究生資料蒐集與分析的『偽真實』現象反思：以『文獻探討』為例」一文中，觀察入微地指出，研究生有時是因學習不力或教學不周而有未詳閱全文、在文獻探討中呈現『偽真實』現象，未必是惡意竄改抄襲或剽取；因而建議：可以教導研究生精確指出引用資料的頁碼、以及加註外文文獻的關鍵詞句等，以提高文獻來源之精確度來避免這種不實的現象。

危芷芬在「教育研究的研究倫理：師生關係對知情同意和保密性的影響」一文中，對論文撰寫中重要的研究倫理加以探究，包括不傷害、知情同意，和保密性等。本文提醒身為教學者又是研究者的老師，對於常採用的行動研究，通常都會涉及到老師、學生和家長三方，故而在教育現場應謹慎處理，以負起應負之研究倫理責任。

林英傑在「『同理的洞察』與『綜效原則』造就教育研究倫理A+」一文中，提出如何指導教育論文研究生運用「同理的洞察」和「綜效原則」處理研究倫理。作者以鱷魚先生和長頸鹿小姐結婚的調適歷程說明：以「同理的洞察」瞭解研究參與者的擔心與期待，由溝通達成共識；而「綜效原則」可以「一起尋求雙贏、讓大家都能滿意的解決方案」。本文期望這樣的原則實踐，能讓教育研究的參與者得到更好的保障和回饋。

陳延興在「大學教師指導學生學術誠信議題之探討」一文中，舉例說明指導教授面臨學生學術不誠信的個案，教授可能遇到的道德兩難或

處理困境，進而提供相關做法作爲教導學生研究倫理的參考，最後從作者的個人經驗懇切地提醒讀者注重學術誠信的重要性。

葉建宏在「我國研究生負責任的研究行爲初探：以課程報告爲例」一文中，對學生繳交課堂報告中不負責的行爲舉例說明，並進一步引用調查數據，指出研究生在撰寫研究報告過程中七種常見之不負責任行爲，其中以假造數據、竄改研究歷程或資料，以及抄襲、未註明出處等最多；作者也進行訪談以瞭解研究生的態度；該文最後並剴切提出五點實務上的改善建議。

教育學門有其獨特的學術脈絡與教育現場需求。本書以下二十三篇文章從不同角度切入，並提出各種實例和應對策略，全書可謂展現教育研究倫理的面面觀。它提醒著研究倫理審查的決策者和審查者，以及研究者、教學者和研究生等：宜汲取國內外已有經驗，運用思辨與智慧，落實倫理實踐，並提升研究倫理機制的適切性、完備性，也期望在自律精神中累積正義而無傷害的教育研究成果，這也正是本書作者們的共同願景。

參考文獻

科技部（2014.10.20）。科技部對研究人員學術倫理規範。取自https://www.most.gov.tw/folksonomy/list?menu_id=7e0fd306-0eb6-4c22-87a3-4660fled72a6&1=ch

Miles, M. B. & Huberman, A. M. (1994). *Qualitative Data Analysis: An Expanded Sourcebook*(2nd ed.). London: Sage.

第二篇

理念與制度篇

第二章

評科技部專題計畫倫理審查

黃政傑

靜宜大學教育研究所講座教授

臺灣教育評論學會理事

一、前言

近年來，科技部對人類研究有關的專題研究計畫申請，都要經過研究倫理審查（簡稱倫審），顯示研究倫理已經受到國內社會的重視。科技部的前身為行政院國家科學委員會，簡稱國科會，2014年3月改制現名。倫審的實施在國科會時代即已開始試辦，先由計畫主持人自評所提計畫，凡經科技部（或國科會）審查須送倫審者，由承辦人通知主持人向「研究倫理審查委員會」（簡稱倫審會）辦理。目前倫審實施起來仍有不少窒礙難行之處，值得檢討改進。本文分析倫審方案的背景脈絡和遭遇問題，提出改進建議。

二、背景脈絡

研究倫理旨在保障研究參與者的權益。為規範使用人體檢體或使用個人的生物行為、生理、心理、遺傳、醫學等資訊所進行的研究，立法院三讀通過《人體研究法》（2011.12.9）。該法適用於國科會或科技部資助的生物醫學研究，人文、社會與行為科學或工程研究是否適用，主管機關行政院衛生署於2012年3月22日以衛署醫字第1010064538號函解釋，該法第4條第1款「人體研究」係指「從事取得、調查、分析、運用人體檢體或個人之生物行為、生理、心理、遺傳、醫學等有關資訊之研究。尚不包括社會行為科學研究（即研究人與外界社會環境接觸時，因人際間的彼此影響產生之交互作用），及人文科學研究（即以觀察、分析、批判社會現象及文化藝術之研究）。」惟國科會（2011.12.23）在衛生署解釋前即認為，學術自由宜保障人權，人類研究不該例外，乃提出「專題計畫研究倫理審查試辦方案」（簡稱「倫審試辦方案」），試辦二年後廢止，代之以2014年度專題研究計畫之人類研究送審作業規定，倫審方案正式實施（國科會，2013.12.4）。該倫審方案的立論，乃基於人文社會與行為或工程研究在規範方法上，和人體研究的他律治理有所不同，在其研究經費補助上，希望推動有別於人體研究的做法，採取研究社群自律方式，以符應學術自律與大學自治精神，補充他律治理之不足。第八次全國科技會議決議（國科會，

2012.1.9），要求主管機關鼓勵大學及研究機構成立相關研究倫理委員會（含行為科學研究），加強人員的培訓與輔導，以確保審查品質，也是方案試辦和實施的重要影響因素。

　　2011年底之「倫審試辦方案」採取專題計畫主持人自願送審模式，其聲稱的四項特點為：1.研究倫理為執行機構與計畫主持人的共同責任；2.尊重學術自律以形成研究倫理具體內涵；3.在合乎比例性原則下，尊重大學自治以發展適當的管控程序；4.試辦期間以提升研究人員研究倫理意識為首要目標。「倫審試辦方案」適用於生物醫學外的人類研究專題計畫，所謂人類研究界定為（國科會，2011.12.23）：

　　……以個人或群體為對象，使用觀察、介入、互動之方法或使用未經個人同意去除其識別連結之個人資料，而進行與該個人或群體有關之系統性調查或專業學科的知識探索活動。

　　該方案並要求計畫主持人自2012年專題計畫申請開始，在計畫內依研究倫理守則先行評估（國科會，2011.12.23）：

　　……擔保人類研究在維護人性尊嚴的指導原則下，尊重研究參與者之自主權、維護其隱私權並保障其身心福祉，盡可能採行侵害最小之手段，以確保人類研究對研究參與者權益影響之風險與研究可期待獲得之利益相平衡，並兼顧研究負擔與成果之公平分配。

　　由於「倫審試辦方案」內容抽象，連學者專家都難以解讀，因而國科會（2012）進一步公布該方案內容的逐條釋義。試辦第二年，國科會（2013.1.23）決定採取逐年分階段從嚴方式，規定專題計畫由2012年的「自願送審」，改為該會學術審查的審查人認定應送研究倫理審查者，即應依任職機構所訂作業辦法送審。有關審查費用的規定，第一年由國科會負擔倫審組織所需的相關費用，第二年試辦改為於專題計畫中申請追加經費的補助方式。由於專題計畫申請人對於相關規定仍有疑

義，國科會（2013）、科技部（2015）分別行文各計畫執行機構，要求轉知「涉及人類研究之補助專題研究計畫作業要點」，除重申人類研究的定義外，亦說明免審範圍，但涉及研究對象所遭受的風險評估，要求仍須經倫審會判定。此外，科技部亦反覆強調倫審不做專題計畫通過與否的依據。

三、問題討論

(一) 倫審改變了專題計畫審查機制

多年來國科會專題計畫的審查並未專列研究倫理項目，在倫審方案試行及實施後才有所改變，計畫初審委員原來不見得都重視研究倫理，有了倫審項目，就需要依規定審查並註記意見。專題計畫是否需要送倫審組織審查，則由計畫複審會議決定之。這裡不明的是複審要求專題計畫另送倫審的指標為何，初審委員意見不同時，複審如何決定？有多少比例的申請件數需送倫審？有多少是審查不通過？不論如何，國科會的倫審機制已大大衝擊人文社會研究界，最主要的是，倫審雖說不影響研究計畫通過與否的決定，但後來研究計畫的核定，卻都通知計畫複審決定要倫審的計畫主持人，把專題計畫送進倫審會，以便緊急取得送審證明，所以實質上等於是和計畫核定掛鉤，倫審變成是計畫核定的最後關鍵。迫於這個壓力，主持人多半不會表示任何意見。也有計畫主持人為了順利通過計畫審查，先自行評估自行送倫審，反正審查費可在計畫中編列支應。

(二) 免審及簡審問題

「倫審試辦方案」規定，倫審會應考量不同學科研究特性，尊重學術社群的研究倫理自律，根據研究倫理原則，審查計畫主持人在專題計畫中對研究倫理的自行評估。此外，倫審會應參酌學術社群的實際操作經驗及其他現存風險管控制度的完備程度，依人類研究對研究參與者權

益影響的風險高低，進行合乎比例的審查。免審的前三款規定明確，但其範圍內的專題計畫很少，免審的第四款規定，「執行機構得依審查組織之實際風險管控經驗或各專業學術社群之操作實務，就無礙研究倫理原則之人類研究，認定得免除審查之特定類型……。」由此推之，不屬前三款的專題計畫可能都會被送到倫審會審查，以累積倫審經驗。問題出在，若可免審的都送進審查，倫審會的生意興隆，收入增加，雖有利於累積倫審經驗，但對學術發展的限制不容小覷。此外，「倫審試辦方案」並規定對於風險較小的人類研究，得採行較簡易之審查程序（簡稱簡審），但應依各學科特性或實際風險管控經驗，逐步累積分類標準。可見簡審的作業也是在累積經驗，並須追蹤到計畫完成。如此大幅倚賴倫審會的倫審機制，替代學者、大學及研究機構的責任，則「倫審試辦方案」彰顯學術自律自主的目標恐難落實。

(三) 倫審訓練的規劃問題

值得注意的是，研究者的學術訓練過程中，都會有研究方法課程，其中都會討論到研究倫理，而討論的參考文獻包含各相關學會的倫理守則，及違反研究倫理的案例、爭議和問題，不同學門關注的焦點會有其異同。奇怪的是，倫審作業假定計畫主持人及所有參與者都是沒受過研究倫理訓練的人，居然要求其參加倫審會（由主管機關核定符合規定條件的大學設置）辦理的倫理訓練作為送審的基本條件，訓練後發給證明作為憑證。問題出在，計畫主持人及研究員在研究倫理的理解上都已經具備相當深度，有不少更有相當的研究，或擔任研究所相關課程的教學，該訓練卻用大型講演的溝通方式，由特定學門的人主講研究倫理，例如：由學醫學或生物的學者對人文社會學者講演，內容是與會學者以前修讀博碩士學位課程時讀過及討論過的內涵，講者雖很認真，但講授內容難以切合各學門學術的需求。

(四) 倫審過程影響研究執行

　　每年12月各大學和研究機構的申請人將專題計畫送進科技部，經過初審和複審的程序，決定通過與否及需要另送倫審的案件，接著通知該計畫主持人依規定送倫審。倫審的作業程序多半不會太快，其速度又視各個倫審會的運作而定，實際上連取得送審證明都不是那麼容易。若送進龜速的組織，研究計畫還是得照進度進行，不過卻可能不斷收到倫審會要補充或修訂資料的通知，影響研究的實施。而比較大的問題出在，被要求送審的計畫有許多基本上沒有太大的研究倫理問題，倫審會也覺得不用進到複雜的一般審查，只要簡審即可，而建議調整研究對象和方法，以利進入簡審程序。例如：不要訪問未成年學生，計畫主持人為了讓倫審會的審查趕快結束而接受該項建議，卻失去了學生面的意見，研究品質和成果最終必然會受到影響。

(五) 高昂的審查費用問題

　　各個倫審會收費約在一萬五到兩萬之間，視案件類別及各倫審會而異。這個價格在學術審查來說，算是相當高的費用，雖說可在專題計畫編列或補列，但那都是納稅人的錢，設有倫審會的大學難免遭到利用倫審業務搶錢之批評。以科技部專題計畫的初審言之，若一個專題計畫送兩人審查，一人二千元，只要四千元就完成審查，審查項目包含研究倫理。矛盾的是初審委員審查科技部專題計畫一件，兩人只要四千元，但同樣的計畫再送出去倫審會審查，則要花費高達二萬元。學術界審查費一向微薄，大學教師的升等論文審查一般送給兩人審查，合計只要六千元，需要第三人審，加上去也不過九千元，即便是以學術倫理為主題的升等論文審查，審查者收到的報酬亦復如此。倫審費用高昂的原因，可能是大學設置倫審會組織的人事和行政費用，必須自籌，加上對案件長期追蹤的開銷所致。若這些開銷都歸為倫審費，實在有改進的空間。

(六) 倫審會之間的聯盟與支配

國科會審查通過三所大學成立校級與區域倫審會，並推動國內不同學科領域研究倫理準則的研擬與建構，以因應人類研究的倫理審查需求，本項任務到底完成多少，有待研究審視。之後，其他大學或研究機構獲准成立的倫審會若要加入區域聯盟或其他聯盟，常需受到聯盟的規範，採取聯盟的收費標準，以求一致。這種做法固可避免聯盟之內各大學之間的競爭，但各大學的特色不同，其審查的研究計畫性質有別，有的審查起來很容易，有的較複雜，不同領域的計畫申請人繳交相同標準的審查費，會令人產生不公平的感覺。再者加入聯盟的大學倫審會和送件審查的申請人一樣，難免也會覺得被權力較大的倫審大學控制了。

(七) 執行機構及審查組織的問題

倫審方案規定，專題計畫執行機構（例如大學、研究院）應與符合本方案資格的審查組織（例如區域倫審會）協議後，指定其代為辦理機構內人類研究的研究倫理審查與管理。已指定審查組織辦理倫審的執行機構，應協助專題計畫主持人申請送審，並應就審查的申請程序訂定作業辦法。科技部認定的倫審組織有二：其一為，依「行政院國家科學委員會推動執行機構設置人類研究倫理治理機構試辦方案」而設置者，其二為依《人體研究法》設置並經各該中央目的事業主管機關查核通過者。不明之處是各大學和研究機構的倫審機制是否已依規定建制運作？實際上，計畫主持人收到專題計畫須送倫審的通知時都十萬火急，根本不可能再經校內倫審機制運作，得到其協助，即該機制即便有，也可能只是徒具形式而已。

四、改進建議──代結語

學術研究重視研究倫理是社會進步的現象。倫審方案由試辦到正式實施，彰顯學術和社會對人權保障的肯定、追求和責任。但倫審方案實施以來仍有其問題不得不面對，否則研究倫理的落實只是空談，且學術

研究也會受到不必要的倫審所牽制。根據前述分析討論，茲提出如下建議。

(一) 進行並公開倫審方案實施過程和成果的評估

此一評估資訊，有利於受倫審影響的各學門學者和關心研究倫理的社會各界，瞭解倫審的實際運作情形，檢視試辦及正式實施的成效和問題，並對照倫審方案原先規劃的目標和內容，探究全國性、區域性的倫審作業對各大學和研究機構的影響，以利於配合落實研究倫理的守則，也可以提供改進意見。

(二) 進行倫審委員會及治理機制的檢討改進

除了定期進行自我評鑑和外部評鑑外，亦宜調查遞送專題計畫倫理審查的研究人員，對於倫審治理機制的組成和運作、現行審查委員會的組織成員及其資格、審查人的學術專長、免審簡審和一般審的運作和結果、審查費用的收取、審查結果的追蹤效果和必要性、倫審對學術研究的衝擊等項目，提供意見，作為改進之參考。本文所提的問題，包含送審範圍的理清、審查收費標準的合理性、強制性的專題計畫人員倫審講習、審查結果追蹤期間，需要關注外，對於倫審機構和倫審會的組織、成員所發揮的實際功能，審查人專長及實際審查之運作這些未對外公開的部分，尤以特別留意。

(三) 更新科技部專題計畫審查的倫審項目審查標準

倫審自2012年5月試辦、2014年度正式辦理迄今，已累積多年經驗，治理機構和倫審會對於人類研究專題計畫免審、簡審和一般審的範圍已較能明確掌握（國立成功大學人類研究倫理審查委員會，無年代）。科技部宜藉既有經驗以建立明確的專題計畫初審和複審標準，供計畫主持人研擬計畫時自評和計畫審查委員參考，以減少不必要的專題

計畫案件送進倫審。

(四) 倫審機構宜以服務爲目的

　　審查費的收取回歸一般行情，最好依據目前科技部審查費用標準實施之。大學設置審查治理機構或倫審會，勿以盈利爲目的，凡非屬直接性的審查開銷，得依規定由主管機關支付，不得列爲審查費。當大學成立研究倫理治理架構或審查組織無利可圖時，才能避免不必要的審查，讓倫審回復正軌。

(五) 以學術自律自主原則劃分學者、大學和研究機構及倫審會的權責

　　計畫主持人應該負起研究倫理審查及運作督導的責任，基於本身的學術基礎和學門特性，評估研究倫理的適切性，必要時由其邀請相關學者專家參與作決定，自行對研究倫理事宜負責。若主持人對計畫研究倫理有疑義無法自行決定，或研究計畫涉及重大的研究倫理問題，則送請校內倫審會審查提供意見。大學本身無法決定者，或遇研究倫理爭議及重大研究倫理事件，始送由區域研究倫理治理機構、倫審會或全國性的研究倫理主管機關審查。

(六) 強化倫審的學術專業、自主和自律

　　倫審方案雖強調要尊重人類研究的學術專業，研究社群自律，但方案的四項特點包含大學自治、學術自律、執行機構和計畫主持人的共同責任，實際上仍尚待落實。更重要的是大學培育研究人才時對研究倫理的重視，及大學對研究倫理的規範和監督，都要能依據學門特性落實自主和自律，而不是由倫審方案的治理機構和倫審會越俎代庖，予以替代。

參考文獻

國立成功大學人類研究倫理審查委員會（無年代）。免簡審判定標準。取自https://rec.chass.ncku.edu.tw/node/480

國科會（2011.12.23）。行政院國家科學委員會推動專題研究計畫研究倫理審查試辦方案。取自https://rec.chass.ncku.edu.tw/sites/default/files/page-file/101%E5%B9%B4%E8%A9%A6%E8%BE%A6%E6%96%B9%E6%A1%88_0.pdf

國科會（2012）。行政院國家科學委員會推動專題研究計畫研究倫理審查試辦方案〔逐條釋義〕。取自https://rec.chass.ncku.edu.tw/sites/default/files/page-file/101%E5%B9%B4%E8%A9%A6%E8%BE%A6%E6%96%B9%E6%A1%88%E9%80%90%E6%A2%9D%E9%87%8B%E7%BE%A9.pdf

國科會（2012.1.9）。檢送「行政院國家科學委員會推動專題研究計畫研究倫理審查試辦方案」乙份，請查照轉知。取自https://rec.chass.ncku.edu.tw/sites/default/files/page-file/101%E5%B9%B4%E8%A9%A6%E8%BE%A6%E6%96%B9%E6%A1%88%E5%85%AC%E6%96%87.pdf

國科會（2012.5.18）。「行政院國家科學委員會推動專題研究計畫研究倫理審查試辦方案」之執行機構指定審查組織與審查組織受理案件程序之補充規定（國科會，中華民國101年6月22日，臺會文字第1010040097號函）。取自https://rec.chass.ncku.edu.tw/sites/default/files/page-file/REC%E6%B2%BB%E7%90%86%E6%9E%B6%E6%A7%8B%E8%A3%9C%E5%85%85%E8%A6%8F%E5%AE%9A.pdf

國科會（2013.1.23）。行政院國家科學委員會推動專題研究計畫人類研究倫理審查制度第二期試辦方案。取自https://rec.chass.ncku.edu.tw/sites/default/files/page-file/102%E5%B9%B4%E8%A9%A6%E8%BE%A6%E6%96%B9%E6%A1%88%28%E5%90%AB%E5%85%AC%E6%96%87%29.pdf

國科會（2013.12.4）。103年度專題研究計畫送審之人類研究作業規定。取自https://rec.chass.ncku.edu.tw/sites/default/files/page-file/103%20NSC%E4%BA%BA%E6%96%87%E8%99%95%E9%80%81%E5%AF%A9%E8%AD%89%E6%98%8E_%E8%A3%9C%E5%85%85%E8%AA%AA%E6%98%8E.pdf

科技部（2015.1.12）。104年度專題研究計畫有關「人類研究」之補充說明。取自
　　　https://rec.chass.ncku.edu.tw/sites/default/files/page-file/104MOST%E4%BA%BA%
　　　E6%96%87%E8%99%95%E5%80%AB%E5%AF%A9%E8%A3%9C%E5%85%85
　　　%E8%AA%AA%E6%98%8E.pdf

第章

研究倫理「審查」符合倫理嗎？教育專業委員的自省與建議

李琪明

國立臺灣師範大學公民教育與活動領導學系教授

一、前言～「不識廬山眞面目，只緣身在此山中」

　　研究倫理（research ethics）顧名思義是指針對研究的規劃、歷程與結果，所需遵循與展現的倫理原則（ethical principle）及行爲守則／指引（code/guideline of conduct），其重要性不言可喻。然而，近年來我國政府部門開始推動研究倫理「審查」（review）乙事，卻對學界產生極大衝擊，亦即將「研究倫理」落實爲「研究倫理審查」之際，其間的正當性與可行性乃產生若干疑慮。筆者擔任本校第一屆「研究倫理審查委員會」（含括「人體研究」與「人類研究」）委員歷時三年（2013/12-2016/11），將以此經驗並聚焦「教育研究」予以評析，希冀藉此提供理念的反思與實務的建議。

　　「教育研究」一般概歸於社會與行爲科學（Social and Behavioral Sciences, SBS）範疇，該範疇的研究倫理審查雖在若干國家行之有年，例如：美國各大學校院或研究機構設有"Institutional Review Board（IRB）-SBS"，但在學術社群仍有諸多批判（例如AAUP, 2000; Howe & Dougherty, 1993; Howe & Moses, 1999）。至於我國生醫類研究倫理審查雖亦已施行十數年，但教育專業所屬「人類研究／人文社會科學研究」之各層級研究倫理治理架構與審查機制等，始自2009年全國科技會議確立之政策，時至2016年度科技部（原國科會）人文及社會科學研究發展司，將此審查正式納入補助專題研究計畫程序，乃致研究生態產生全面影響（此一建置過程可參閱邱文聰、莊惠凱，2010；戴華、甘偵蓉、鄭育萍，2010）。果如預期，推動社會與行爲科學的研究倫理審查，遭致學界極大反彈與批評[1]，因而該政策迄今仍處變動中[2]。科技部前任人文司司長蕭高彥（2015, p.1）曾直言：「『人類研究倫理審查制度』是人文司近年來所推動業務中，爭議較大的政策。」同樣

---

[1]　例如：「反對目前違反大學自治的人文社會學研究倫理治理與審查」的連署http://campaign.tw-npo.org/sign.php?id=20141126025737

[2]　截至本文繳稿日止，「科技部人文司補助專題研究計畫之研究倫理審查作業要點草案」以及「人文社會科學研究倫理審查作業要點建置之意見調查」問卷刻正徵詢意見中。

地，此一爭議亦存在筆者內心的掙扎與論辯，不斷地反思一個弔詭的命題即「研究倫理『審查』符合倫理嗎？」

二、思辨～「水能載舟，亦能覆舟」

教育研究之「倫理審查」就像「水能載舟，亦能覆舟」，有其正負面效應。1979年美國公布的「貝爾蒙特報告」（The Belmont report）揭櫫對人的尊重（respect for persons）、行善（beneficence）及正義（justice）三個倫理原則，以及知情同意（informed consent），風險／效益評估（risk/benefit assessment），研究對象的選取（the selection of subjects of research）等應用面向，都是研究倫理審查希冀彰顯的理念基礎與關注要項。此外，就筆者為教育研究者與審查委員雙重身分之感想，藉由「審查機制」對於提升研究者的倫理敏感度及相關知能實有助益，且提醒研究者轉為研究參與者（尤其是弱勢或易受傷害族群等）角度檢視研究歷程及其價值，可跳脫教育專業可能的盲點與侷限（或視為理所當然），以及反思教育研究中可能產生的權力不對等關係。然而，前述優點須透過現行審查機制方足以達成嗎？又此一機制是否反而違反／損害了某些倫理理念？茲舉其衍生的重大議題如次：

(一) 研究倫理「法規化」是否有損學術的自由自律基礎？

學術自由與專業自律向為研究倫理所強調的基礎理念，然因研究倫理的「法規化」以利落實審查之際，卻有可能損及自由自律基礎。此一疑慮在我國推動「人類研究」的進程中雖頗為戰兢因應，邱文聰於2010年主持「人類研究倫理治理架構計畫」的科技部專案[3]，委託各學術專業團體進行倫理信條的研擬與溝通，例如：「教育學門保護研究對象倫理信條」（2011年版）的提出，該信條於前言特別標示「希望能依教育研究特性，兼顧對象保護及研究進行」。此外，科技部在2012年「行政院國家科學委員會推動專題研究計畫研究倫理審查試辦

---

[3] 邱文聰自2010年起關於「人類研究倫理治理架構」有連串的科技部專題研究案執行。

方案」（逐條釋義）[4]中開宗明義強調「本會作為研究經費的補助機關，所推動的是研究社群的『自律』倫理規範。」不過，前述各學術專業團體的信條並未也不可能全然納入相關法規，而科技部所謂的「自律」僅指「大學自治」層級，對研究者而言，研究倫理的法規化就是一種「強制的他律」，其已非屬倫理而係法規層面。若果將審查機制定位清楚後，仍要繼續追問的是「事前審查機制」的法理基礎為何？尤其當《人體研究法》（2011年12月公告）排除了僅涉及人文與社會行為科學研究，故人類研究的法令規範依據為「科技部補助專題研究計畫作業要點」（蕭高彥，2015；顧長欣，2014）。以此觀之，目前依據政府部門補助機關「作業要點」的「人類研究」（含括教育研究）倫理審查機制，其倫理的正當性似有不足，且有戕害學術自由與專業自律的疑慮。

(二) 研究倫理「標準化」是否限縮研究的多元深度視角？

倫理多元論（ethical pluralism）是面對日益複雜社會中，人們判斷是非善惡所宜採取的多元觀點（包括：義務論、效益論、德行論、正義論、關懷倫理等），既可避免道德絕對論（單一標準），亦不致流於道德相對論（毫無標準）（Hinman, 2008）。以此觀之，當研究倫理審查制定繁複的「標準作業程序」（Standard Operating Procedures, SOP）之際，是否陷入道德的單一與獨斷，以致限縮多元視角的延展。更甚者，教育研究的「事前審查機制」乃呈現一種典型「量化」取向思維，且採用針對既定研究假設加以驗證式的方法論，因此其對研究計畫所要求的事項（例如：招募人數、知情同意書、問卷、訪談等）都預設在規劃期間就應是齊備的。然而，此套確定的「標準化」思維，不僅忽略了「質性」取向研究的複雜歷程與不確定性，也同時掩蓋教育研究具有的發展性、脈絡性、動態性及無限可能性。再者，值得關注的是：

4　https://rec.chass.ncku.edu.tw/sites/defgult/flles/page-file/101%E5%B9%B4%E8%A9%A6%E8%B
　E%A6%E6%96%B9%E6%A1%88%E9%80%90%E6%A2%9D%E9%87%8B%E7%BE%A9.pdf

在重重標準化思維運作下的研究倫理審查委員，因其背景與專業的異同，反倒產生了「自由心證」的主觀意見與「不一致性」，雖然每個案件均有主任委員的把關，或至少兩位委員審查，甚或召開大會加以集體討論，但在缺乏深度理解與多元典範的專業評估機制，以及研究倫理議題的複雜度日益增高或面臨道德兩難（例如個人隱私與公益的拉鋸）情境下，不免有「隔靴搔癢」與「以管窺天」之憾。因此，目前人類研究（含括教育研究）倫理審查機制，似不符合倫理多元論的當代思潮，且有將「研究」陷入實證主義（positivism）單一取向的疑慮。

(三) 研究倫理「體制化」是否不利創新永續之民主氛圍？

當代倫理的精神無法脫離民主，研究社群營造民主氛圍有利於主體（包括研究者與研究參與者）的自主性彰顯，以及主體間相互的溝通甚或論辯，進而開展研究的創新與永續，以增進個人與群體的權利及福祉。然而，研究倫理審查似關注研究參與者，而較忽略了研究者的主體彰顯及審查歷程中民主氛圍的型塑。或許，民主是一個困難重重的任務，因為當研究倫理審查「體制化」後，就注定產生「權力」的涉入（Boser, 2007），此包括研究者以及各層級的研究審查機制。舉例而言，研究者申請審查前必須面對繁雜的文書作業且須鉅細靡遺地填妥，研究歷程中若有任何更改也必須事前申請變更，研究完成後亦須繳交結案報告。這種行政流程不僅耗費了研究者與審查者過多的時間與精力，也影響研究進行的順暢與彈性，更透露出「權力的不對等」以及對於研究者不信任心態，而且研究者縱使不盡然贊同審查意見仍需符應審查者的要求。雖然，對研究者而言，接受專案經費的補助（如科技部），就需要履行其義務與責任，但以前述教育研究特性，此種類似「官僚體制」及其制式繁複的「遊戲規則」之於教育界恐是弊大於利。此外，有關體制化後所造「權力的不對等」亦呈現在學校層級的「研究倫理審查委員會」面對其更高層級的外部「查核」單位（如教育部、科技部或其委託的組織等），各校「研究倫理審查委員會」處在「存亡」之際，所謂各校「大學自治」精神以及進行研究強調的創新永

續之民主氛圍，實難在此結構性框架中得以型塑。

三、建議～「見山又是山，見水又是水」

　　鑑於前述，我國現行研究倫理審查機制在法規化、標準化與體制化等莫之能禦的「趨勢」，聚焦社會及行為科學研究特性加以剖析，可發現此類審查對於倫理精神所強調的自由自律、多元典範，以及民主氛圍等顯有危害之慮。然而，筆者並不想陷於「二元對立」而主張廢除此一機制，而是秉於筆者的專業理念與實務經驗，期以提供兼顧正當性與可行性的建言：

(一) 全面區隔「人體研究」與「人類研究」審查與查核機制

1. 教育部與科技部及其相關組織，宜針對人類研究的特性與需求，另訂原則性且簡要的查核規準，並於查核各校研究倫理委員會時，須會同社會與行為科學專業團體代表，並以能兼顧大學自治精神與研究倫理原則為主。

2. 校級研究倫理審查須設立專屬「人類研究」的委員會，並將目前仿照「人體研究」的繁複標準化流程加以簡化，另訂符合社會與行為科學特性且具多元彈性的程序與規準。

(二) 「人類研究」之研究倫理由「事前審查」改為「事前登錄與事後備查」

1. 凡政府部門或相關機構補助的研究計畫，在計畫審核階段若經專業人員（例如科技部專題研究案補助的初複審委員），初步認定與「人類研究」之研究倫理有關者，則該案主持人（principal investigator, PI）需向各該校（或相關單位）社會與行為科學研究倫理審查委員會進行登錄與繳交研究計畫，待該案執行完畢後再行填寫研究倫理檢核表，以完成備查。

2. 對於「人類研究」的研究倫理採行「事前登錄與事後備查」，

既可免除事前審查的諸多疑慮與繁複文書往返作業，卻可達到提醒與協助研究者關注研究倫理及其落實研究的美意。不過，研究者事前登錄後，研究倫理中心宜提供相關重要資訊與具體簡化的研究倫理檢核單，以利研究者在研究歷程中以資參考。

(三) 強化研究倫理的教育精神但若有重大違失則宜以法律規範處之

1. 「人類研究」的研究倫理審查委員會宜與各專業組織合作，共同將其研究專業的倫理原則與行為準則，以書面或影音方式呈現，並能區分初、中、高級課程，以利研究者有不同程度與需求的多元選擇性，審查委員會宜將管理轉化為諮詢角色。

2. 研究專案若事後備查檢核或經檢舉證實研究者有重大違失，宜有明確懲處；另若受害者為易受傷害族群，經專業團體認定後得逕行舉發，且可代為採取法律求償或補救行動。總之，研究倫理「審查」是手段，真正目的是增進研究倫理，故當手段具正當性與可行性時，其目的才能確實有效達成。

參考文獻

一、中文部分

邱文聰、莊惠凱（2010）。建置當代人類研究倫理的治理架構：一個反身凝視的契機。人文與社會科學簡訊，**12**(1)，33-39。

戴華、甘偵蓉、鄭育萍（2010）。人文社會科學與研究倫理審查：執行研究倫理治理架構計畫的考察與反思。人文與社會科學簡訊，**12**(1)，10-18。

蕭高彥（2015）。人文司「研究倫理審查制度」業務興革。人文與社會科學簡訊，**16**(3)，1-2。

顧長欣（2014）。大專院校研究倫理審查制度的第一課——「人體研究」與「人類研究」的區分。人文與社會科學簡訊，**15**(3)，84-91。

二、英文部分

American Association of University Professors, AAUP (2000). *Institutional review boards and social science research.* Retrieved from https://www.aaup.org/report/institutional-review-boards-and-social-science-research

Boser, S. (2007). Power, ethics, and the IRB: Dissonance over human participant review of participatory research. *Qualitative Inquiry, 13,* 1060-1074.

Hinman, L. M. (2008). *Ethics: a pluralistic approach to moral theory.* Belmont, CA: Thomson-Wadsworth. (4th edition)

Howe, K. & Dougherty, K. (1993). Ethics, institutional review boards, and the changing face of educational research. *Educational Researcher, 22*(9), 16-21.

Howe, K. & Moses, M. (1999). Ethics in educational research. *Review of Research in Education, 24,* 21-60.

第四章

教育學門研究倫理治理架構技術化的迷思與隱憂

王立心

國家教育研究院教科書發展中心助理研究員

一、研究倫理的尋求與期待

在現代醫學與科學的發展過程中，需要透過生物醫學或人體試驗之實驗結果以累積豐富的學術知識，因此，研究過程正當性或受試者保護等倫理議題層出不窮，引發的問題也日益複雜。在學術專業趨向資本化、市場化與全球競爭的今日社會，各研究領域蓬勃發展，由各學門建立專業準則，樹立自我專業認同，似乎是必然的道路，教育與人文社會科學領域及生物醫學之研究皆關乎於「人」，差別在於社會科學研究為非侵入性研究，對研究對象造成的傷害並不顯著，部分研究的受試者又是青少年，如何藉由研究倫理治理架構的建立，釐清法律與道德責任，不但是研究者自身就該注意瞭解的，另外，也因為科技部的推動與要求，成了近幾年來國內學界申請計畫補助經費的熱議話題。

究其源，由於德日在二次大戰期間對戰俘的不當虐待與人體試驗，嚴重違反人權，引發道德倫理的省思（戴正德、李明濱，2011）。研究參與者的保護與權利逐漸受到重視，為了避免在研究過程傷害研究受試者，醫學界陸續成立生物醫學研究保護人體試驗研究的組織及規範（王智弘，2013），相同的，國內醫學研究也倡議和推動對於人體試驗的保護，建立制度性的規範，並且，由於其經驗較早且規範明確，於1986年通過《醫療法》，被視為對其他研究領域及學門具有指標性的意義（吳芝儀，2011），因此，以人類行為作為研究對象的社會科學，也逐漸重視此議題。教育及人文社會科學研究雖多非侵入性之研究，但在研究調查與試驗的過程中，仍有可能對研究對象造成心理、社會、經濟等層面上的影響（朱容萱、黃之棟，2011），教育及人文社會科學和生物醫學領域探討之倫理議題不同，不全然適用於社會科學研究（戴伯芬，2013），教育與人文社會科學研究者必須深入瞭解研究參與者生活的實地場域，更重視並保護研究對象的自主權、隱私權及其身心健康，需要建立自我的學術專業守則，來規範研究者與受試者之間的互動（吳芝儀，2011）。若由英美過去的經驗來看，自1990年代開始，社會及行為科學研究倫理審查之需要逐漸被重視，美國國家衛生研究院（National Institute of Health, NIH）於1996年成立行為與社會科

學研究處（Office for Behavioral Social Sciences Research, OBSSR）開始進行社會行為科學研究倫理審查機制（戴正德、李明濱，2011），英國經濟與社會研究委員會（Economic and Social Research Council, ESRC）則於2005年發展出「研究倫理架構」（Research Ethics Framework, REF），研究者執行研究，有責任依循研究倫理，並設想研究過程對參與者可能存在的傷害，以尊重並保護研究參與者之權益（American Psychological Association, 2010），顯然，人文及社會科學領域已無法自外於研究倫理的規範。因此，臺灣學界在1999年提出「心理學專業人員倫理守則」及2002年提出「臺灣社會學會倫理守則」，作為社會科學研究倫理之濫觴，科技部（國科會）也於2012年開始推動「人類行為研究倫理與人體研究倫理治理架構建置計畫」，在人文及社會科學領域推動階段性研究倫理審查工作（戴伯芬，2014）。

　　然而，教育學門套用生物醫學人類研究的研究倫理規範，看似在程序與方法符合科學研究共同的需要，實則易忽略其應用的限制與造成的反效果，教育研究常涉及學校場域與青少年學生，其研究對象也多有偏鄉、學習弱勢以及特定族群的選擇性，研究者在研究過程中對研究參與者生理或心理侵入性的傷害或長遠影響，是否得以藉由研究倫理的審查得以消除減輕？抑或限制研究設計，忽略瞭解與追蹤重要的教育議題，值得關注。

二、削足適履的研究設計

　　國內推動研究倫理審查制度，在於尊重研究參與者之自主權、隱私權並保障其身心福祉，盡可能降低研究的潛在風險，以確保人類研究對研究參與者之權益（戴伯芬，2013）。在實務推動上，研究倫理的審查與稽核均經由大學或研究機構內所設立的研究倫理審查委員會，自主制定完整的倫理架構與執行方式，作為倫理審查的依據，再細分成立專責的審查委員會（莊惠凱、邱文聰，2010），據此各大學也陸續成立研究倫理審查委員會，受理該校及他校（機構）的研究倫理審查案。

　　「負責任的研究行為」（Responsible Conduct of Research, RCR）著重於研究倫理的自主行為，的確是各研究者應有的基本特質與條件

（郭英調，2015），具備足夠的倫理敏感度，並展現適切的行為，也是取得研究參與者的信任的不二法門。研究倫理的落實有其良善的美意與初衷，但在人權意識高漲的現代社會中，是否過猶不及或引喻失義？是體制建立過程中須面對與探討的問題。

(一) 雞兔同籠的研究倫理治理架構

在建立教育與人文社會科學研究倫理審查及治理架構（包含研究議題、方法、範圍、審查程序及人員組成，以及相關處理機制）之同時，基於現有可參考的經驗便宜行事，直接援引醫學領域人體研究倫理之相關準則，而未能符合教育及人文社會科學倫理思維，衛生福利部亦於2012年函釋說明，人體研究法僅適用於生物醫學與實驗科學之人體研究，不完全適用人文及社會科學研究；而且，審查委員的組成若以生物醫學及法律背景之學者專家為主，便無法針對人文及社會科學之獨特性提出適當的見解（陳智豪，2015），如此將各類研究議題雞兔同籠以相同程序及專業處理，受限於學校內部的既有人力專長與架構，無法瞭解並體認不同領域的個殊性，而對於研究計畫進行不正確的建議或判斷，此種情勢下，在權力結構下相對弱勢的計畫申請人，不免自我規訓，而謹慎緊守各項書面文件的制式規準，造成研究設計的寒蟬效應。

(二) 如何在學術自由與研究倫理審查取得平衡

研究倫理審查缺乏效率導致學術研究自由受到質疑（戴華、甘偵蓉、鄭育萍，2010），現階段在各研究倫理中心陸續成立後已有舒緩，但也面臨運作經費與專業人力不足（戴伯芬，2013），加上各個案件性質不一，如何在研究倫理審查與學術研究自由之間取得平衡，也是值得關注的議題，在學術倫理前提下，所謂的學術自由指的是給予研究者自由訪談研究對象、發表研究成果以及挑戰傳統思維的權利，免於受研究審查之管制（鄭麗珍、朱家嶠，2010），而非漫無限制，這也

是推動研究倫理的立基點。

　　而且，學術研究者在養成及研究過程中，應體現專業自律並負起相關倫理責任，而在教育、人文社會科學領域，研究者在研究過程中更應具備相當的覺察與省思，而非著重在「他律」的研究倫理審查程序。部分研究者對目前研究倫理審查與治理架構的批評，也於審查程序中對教育專業的質疑與不信任，官僚體系化的研究倫理中心，面對業務大量化後的照章行事，若倫理審查規範無法依據研究方法的差異進行調整，可能限制了學術研究自由與專業自律的發展。

(三) 如何確實保護研究受試者之權益

　　就研究受試者知識與權力的落差而言，真正平等且一視同仁研究倫理難以實質落實，美國教育研究學會於2013年訂立之倫理標準提到，雖然教育研究者都同意應將研究過程中可能引起的負向後果降到最低，譬如實驗介入可能影響學生的學習權利，因此要學生或家長簽署知情同意書以保護研究對象（戴正德、李明濱，2011），但法令的規定，以及對相關制度與做法的瞭解，通常是有知識與社會資本者占了較為有利的位置，比起真正弱勢的族群，更能以知情同意來避免參與研究，反而真正需要保護者未能真正瞭解自身權益，知情同意到底能提供多少保護，因而也受到質疑與挑戰。

　　因此，經由研究倫理的審查，是否就是達到受試者保護的完美機制，或者，可以強化研究成果的事後專業審查及學術倫理要求，來代替事前在制式程序的審查，以激發研究者的自律精神。畢竟，實際的研究過程中，研究者比起必須被保護的弱勢者，擁有更多的權力，且非無自覺要恪守研究倫理準則，以免傷害或消費研究參與者的安全與權利。

(四) 研究倫理審查對教育研究的限制

　　雖然受理研究倫理審查的單位日益增加，審查委員也納入不少專長教育與人文社會科學研究的學者專家，但畢恆達（2015）也憂心研

究議題與問題意識將被左右，譬如敏感性議題之研究對象涉及個人隱私，這類的研究在研究審查的過程中常被質疑或要求提交詳細的研究方法與做法，導致研究者不願投入像社會邊緣人、青少年用藥行爲等議題的研究；而戴伯芬（2013）也認爲研究倫理審查的制度可能影響研究者迴避無法以自由意願做決定者之相關研究，甚至是政治、宗教以及性別關係等敏感議題，都可能因爲研究參與者的反對或不合作，而難以進行研究。就教育學門的研究而言，陳意榕（2014）認爲針對相對弱勢個體與族群作爲研究主體，研究倫理思考架構，需依照研究對象的「易受傷害程度」及「主題敏感度」的不同而有所差異，研究對象在階級、文化、性別及族群上存在著本質上的差異，研究者應視研究主題的爭議及敏感程度調整研究方法，必須以研究主題對參與者帶來的利益大於產生之傷害作爲主要考量，以降低研究參與者於研究過程中所可能遇到的風險。

另一方面，依據科技部2015年1月公告免除審查類型之規範，公務機關執行法定職務，自行或委託專業機構進行之公共政策成效評估研究，得免除徵得研究對象之同意，此類除外條款似乎試圖解決評估國家教育政策與建立長期追蹤資料的困難，但如何確實界定與推動也不無問題。因此，推動教育、人文及社會科學研究倫理審查的制度設計，是否眞正提供專業學術社群關懷與尊重受試者的權益與感受，而非基於政治正確，變成形式主義或官僚體系約束學術社群的行事規範，那不但違背推動研究倫理的初衷，也違反學術倫理與眞誠。

三、結語

就教育研究領域而言，不可避免以人，特別是學生作爲主要研究對象，比如課程與教材實驗，測驗評量長期追蹤調查等，以至於教育部及科技部推動制定明確的研究倫理規範，並建立相關審查制度作爲治理架構之一環，但是由人類研究移植而來的研究倫理規範與審查，應依據教育研究領域的專業性與個殊性適度調整，並強化研究者自律，在研究過程中保護受試者以降低或避免不必要的傷害與風險。

在另一方面，研究者自身的專業判斷也應得到重視，以免官僚制度

化的審查會議取代了研究者研究專業與責任，或造成寒蟬效應與研究偏食現象，或者，形式的程序導致研究者不願碰觸敏感議題，或學生、家長及老師排斥參與重要研究，而影響研究方向與研究成果的累積。最後，也是該發揮教育與人文社會科學研究最該具有的自我思辨與批判精神，持續省思研究倫理議題。或許在高等教育及學術市場化下，執行中研究計畫或論文不斷增加，對教育現場、高敏感或弱勢者多所干擾或造成傷害，學術倫理審查是不得不然的必要之惡／善，面對現階段研究環境的現實，運用各種法律、道德規範以及社會資源，建立申訴管道與強化研究成果的學術倫理審查機制，讓教育與人文社會科學社群應在反思回饋中，建立符合自身所需、本土化且具學術主體性的研究倫理治理規範與架構。

參考文獻

一、中文部分

王智弘（2013）。從文化理解到含攝文化理論之建構：從助人專業倫理雙元模型到研究倫理雙元模型。**臺灣心理諮商季刊**，**5**(4)，6-12。

朱容萱、黃之棟（2011）。講倫理才有道理：歐洲研究倫理規範新進展。**歐洲國際評論**，**7**，121-147。

吳芝儀（2011）。以人為主體之社會科學研究倫理議題。人文社會科學研究，**5**(4)，19-39。

畢恆達（2015）。什麼是研究倫理？臺灣的學術倫理審查出現了什麼問題？**文化研究雙月報**，**149**，30-34。

莊惠凱、邱文聰（2010）。臺灣人類研究倫理治理架構之推動。人文與社會科學簡訊，**12**(1)，4-9。

郭英調（2015）。學術倫理教育訪問報告：搶救科學研究──負責任的研究行為。**科技報導**，**397**，時事評析。取自http://scitechreports.blogspot.tw/2015/01/blog-post_3.html

陳智豪（2015）。「臺灣學術研究倫理審查制度的變異與檢討工作坊」側記。**臺灣社會學會通訊，82**，4-8。

陳意榕（2014）。弱勢教育的研究倫理：批判俗民誌方法論的觀點。**臺中教育大學學報：教育類，28**(2)，1-22。

劉紹華（2012）倫理規範的發展與公共性反思：以美國及臺灣人類學爲例。文化研究，**14**，197-228。

鄭麗珍、朱家嶠（2010）。建置行爲及社會科學研究倫理審查治理架構：國立臺灣大學的執行經驗。人文與社會科學簡訊，**12**(1)，26-32。

戴正德、李明濱（2011）。社會行爲科學研究之倫理及其審查機制。**醫學教育，15**(2)，165-181。

戴伯芬（2014）。倫理或治理？再論大學倫理治理架構與研究倫理審查制度。**跨界：大學與社會參與**，評論與論壇，1-9。

戴伯芬（2013）。**保護或規訓？研究倫理與學術自由假兩難**。取自http://interlocution. weebly.com/35413355423554222727review--forum/11

戴華、甘偵蓉、鄭育萍（2010）。人文社會科學與研究倫理審查：執行研究倫理治理架構計畫的考察與反思。人文與社會科學簡訊，**12**(1)，10-18。

二、英文部分

American Psychological Association. (2010). *Ethical principles of psychologists and code of conduct, 2010 amendments*. Retrieved from: http://www.apa.org/ethics/code/index. aspx

第五章

教育研究倫理規範與實踐

吳清山

臺北市立大學教育行政與評鑑研究所教授

王令宜

通訊作者國家教育研究院教育制度及政策研究中心助理研究員

一、前言

　　教育研究在教育發展過程中扮演著極爲重要角色，它是促進教育進步和提升教育品質的重要動力，透過客觀和有系統的教育研究，讓教育能夠發揮其影響力。

　　教育研究採用各種不同研究方法，有些屬於量化研究；有些屬於質性研究，從研究計畫研擬、過程實施、資料蒐集和分析、結果詮釋、研究結果應用到出版，都必須遵守一定研究倫理規範，才是一份負責任、有價值和有品質的教育研究。European Union（2013）論及倫理是一個研究從開始到結束的統整，遵守倫理是達成眞正研究卓越的關鍵，在新加坡研究誠信宣言（如附錄一）中亦談到研究的價值與效益極其仰賴研究的誠信（integrity）（Singapore Statement on Research Integrity, n.d.），此正說明研究倫理的重要性。

　　教育研究有了倫理作爲支撐，可以避免研究執行過程中發生不當行爲，研究結果才具有其可靠性，也才能獲得學術社群和社會的支持與信賴，尤其教育研究大都是以人爲研究對象，更需要有倫理的規範，以確保研究對象之權益。近年來逐漸重視教育研究倫理規範，對於研究者和研究對象都是一種很好的保障。

　　就教育領域而言，專業倫理包含了教學、研究和社會服務，研究倫理應屬專業倫理的一環，由於研究倫理涉及複雜的研究設計和倫理兩難，專業倫理只能就研究層面概括陳述，較難精確具體說明研究倫理規範，因而教育研究倫理及其規範有進一步梳理和探究之必要。

　　教育人員從事研究，有些是基於個人興趣、有些是基於學位需求、有些是政府機關或民間機構委託、有些是向政府機關或民間機構申請研究經費，不管屬於哪一種樣態，從研究計畫、執行到結果呈現，都必須遵守研究倫理規範，才能確保研究有效進行及研究品質。

　　教育研究倫理規範在研究過程中已經成爲不可或缺的要項，教育研究倫理的意涵和原則爲何？教育研究倫理規範的信條或準則應包括哪些內容？都值得加以探究。因此，本文首先分析教育研究倫理的意涵和原則；接著討論教育研究倫理準則的建構；最後提出教育研究倫理的實

踐。

二、教育研究倫理的意涵和原則

　　教育研究倫理，係由「教育研究」和「倫理」所組成。教育研究係指針對教育現象或問題，從事客觀有系統地探究，以利瞭解教育現象、建立教育理論或解決教育問題，並促進教育健全發展；至於倫理，從中文字義而言，新辭典將「倫理」解釋為：「人際關係中所共同遵守的規範」（三民書局新辭典編纂委員會，1989），英文的ethic是來自於希臘文的ethos，具有品格之意。從中英文字義來看，都具有道德規範之意。Sieber（1992）指出倫理是有系統研究「好壞、對錯」價值觀念，以及一般原則可以正當應用到這個概念上。因此，教育研究倫理的意義，可以界定如下：

　　在教育研究過程中，從研究計畫發想、研究方法與設計、資料蒐集、分析與利用、結果解釋與討論、結果應用、到出版，都應該遵守一定學術規範，不得侵害研究對象，確保研究的合法性和適切性，以提升研究的品質和價值。

　　於此而言，教育研究倫理，應該包括下列內涵：

(一) 從本質而言，教育研究與倫理係相輔相成，教育研究必須有倫理支撐，才不會迷失方向，也才能有效掌握教育研究的意旨，而倫理規範更能彰顯教育研究的重要性。

(二) 從內容而言，教育研究概分基礎性研究和應用性研究，可能採量化研究、質性研究、個案研究或行動研究等各種研究方法，凡是涉及到以「人」為研究對象，勢必涉及到倫理的選擇或倫理的問題，研究者必須遵循學術研究規範，不能做出不利於研究對象之情事。因此，「研究倫理準則」就成為教育研究倫理的實質內容。

(三) 從目的而言，教育研究能夠遵守倫理準則，無論研究過程或研究結果，都可以接受大眾檢驗，不會產生違反法規或倫理之情事，可以確保研究品質，發揮研究的價值。

教育研究倫理，具有約束研究人員的作用，讓研究人員瞭解哪些事

項該爲和哪些事項不該爲，這種規範價值，有助於減少社會大眾對研究人員不當批判和強化研究人員的信心。基本上，教育研究倫理的原則，大都見諸相關會議或各個專業團體所建立的規範，2010年7月21至24日在新加坡所舉行之第二屆世界研究誠信大會（The 2nd World Conference on Research Integrity）通過「新加坡研究誠信宣言」，提供一個負責任研究行爲的全球性指南，提到在研究倫理的四個原則：(一)每一個層面都必須要誠實；(二)研究人員對所進行的研究負有責任；(三)與他人合作時，應有專業的禮貌並公平相待；(四)爲他人盡研究的良好管理之責（Singapore Statement on Research Integrity, n.d.）。

美國心理學會的「心理學家倫理原則和行爲準則」，揭櫫六大倫理原則：善行和不傷害、忠誠和責任、誠信、公正、尊重人權和尊嚴等；而美國教育研究學會則提出專業能力、誠信、專業、科學和學術責任、尊重人權、尊嚴和多樣性、社會責任等研究倫理原則（American Educational Research Association, 2011）；臺灣科技部對學術倫理的聲明特別提到：「學術倫理爲學術社群對學術研究行爲之自律規範，其基本原則爲誠實、負責、公正。只有在此基礎上，學術研究才能合宜有效進行，並獲得社會的信賴與支持。」（科技部，無日期）而Resnik（2015）也提出下列研究倫理原則：客觀、誠信、細心、開放、保密、負責任出版、負責任指導、尊重同儕、社會責任、非歧視、能力、守法、動物關懷、保護研究對象。這些原則對於研究倫理規範，具有參考價值。

綜合各學會、政府機構的研究倫理原則和學者專家所提出的看法，茲就其共通和重要的教育研究倫理主要原則歸納如下：

(一) 誠信原則：教育研究人員應該遵守研究承諾，言行一致，表現眞誠的研究行爲，研究成果才能獲得信賴。誠信是教育研究的骨幹，只有遵守誠實和正直的規範，才能讓研究屹立不搖。

(二) 保密原則：教育研究人員對於研究對象應該做好保密工作，最好採取匿名方式蒐集資料，才能避免個人資料外洩。對於任何足以辨別研究對象身分的資料，應採保密方式妥善處理。

(三) 善行原則：教育研究人員從事各種研究，應本著「善意」出

發，研究應保護研究對象，避免受到任何身心傷害，損及研究
對象權益；同時也應讓研究對象瞭解研究可能產生的風險，以
確保研究對象安全。

(四) 責任原則：教育研究人員從事研究，不僅具有其專業責任；而
且要負社會責任，在研究過程中，應該表現出負責任的態度，
所進行的研究，對專業和社會都有其貢獻。

(五) 尊重原則：教育研究人員從事研究時，應讓研究對象同意並尊
重研究對象的人權及其尊嚴，倘若研究對象中途想退出不願參
與，也不能勉強。此外，對於其他研究同仁，也應該互相尊
重。

(六) 公正原則：教育研究人員從事研究時，應公正對待每一個研究
對象，不得有任何歧視之行為；對於少數族群或身心障礙之研
究對象，應該加以特別保護，才能達到實質的公平與公正。

(七) 守法原則：教育研究人員進行研究時，應該知悉相關研究法規
的意涵並加以遵守，不得有任何違法行為；此外，對於政府所
制訂教育研究倫理政策，也應一併遵守。

三、教育研究倫理準則的建構

　　教育研究倫理原則，提供遵循的方向，仍須轉化為具體的準則或信
條，才更具可行性與價值性。Burton, Bartlett和Burton（2009）指出研
究倫理之善行、公正和尊重等原則應用到教育上，應包括下列五項：
知情同意、保密和隱私、誠實和開放、研究對象受到保護以及避免傷
害。

　　教育研究倫理準則的內涵，常常須隨著時代發展而有所調整，方能
適應社會變遷需求，與時俱進。美國教育研究學會、英國教育研究學
會和澳洲教育研究學會（Australian Association for Research in educa-
tion）的倫理準則皆經多次修訂，以因應多樣化和科技化的需求。

　　不同國家學術社群所研訂的專業倫理準則不盡相同，即使是屬於教
育領域的倫理準則亦有所差異。美國教育研究學會倫理準則架構包括序
言、背景、原則和標準；英國教育研究學會則包括序言和指導方針；澳

洲教育研究學會則無細分架構，採內容重點說明；臺灣研訂的教育學門保護研究對象倫理信條的架構為總則、倫理信條、高風險議題與研究對象、附則等四部分。

　　綜合以上說明，學術倫理準則應該有完整架構，以利學術社群研究人員瞭解與遵守，不宜太過複雜，其架構採序言、原則和信條方式可能較易理解，茲說明如下：

　　第一部分　序言

　　說明學術研究倫理準則的目的、重要性及其背景。

　　第二部分　原則

　　說明學術研究倫理應該遵守的原則，並採條列式。

　　第三部分　信條

　　說明學術研究倫理應該遵守的標準或指導方針，宜採具體內容呈現。

　　學術研究倫理準則確定架構之後，只能視為一種骨幹，最重要的還是所要呈現的內容，第一部分和第二部分較為容易，第三部分必須花費更多的時間和心血進行研議。基本上，第三部分內容呈現必須具有系統性，建議採取研究過程方式處理，從研究實施前、研究執行中和研究完成後三方面列舉其標準、信條或指導方針。第三部分規範內容，茲建議如下：

(一) 研究實施前

　　研究實施前，屬於研究計畫階段，通常要規範下列的準則：

1. 確保研究對象知情同意，始可進行研究。
2. 善盡告知研究主題、目的及計畫等相關內容。
3. 做好易受傷害族群之保護措施。
4. 避免利益衝突，做好利益迴避。
5. 討論保密規範及做好保護措施。
6. 進行風險評估及研究可能限制。

(二) 研究執行中

　　研究執行中是否遵守研究倫理規範，關係到未來研究品質，必須以更謹慎的態度為之，通常規範下列準則：

　　1. 不能傷害或歧視研究對象。
　　2. 熟知相關研究法律規定並遵守之。
　　3. 維護研究對象的尊嚴及人權。
　　4. 不得有任何偽造、抄襲或剽竊研究資料。
　　5. 應使用適當的研究方法，以嚴謹的態度進行研究。
　　6. 研究資料涉及個人資料之資訊隱私，應採保護措施。
　　7. 研究資料分析與詮釋應忠實且客觀。

(三) 研究完成後

　　1. 說明研究結果之發表及回饋給予研究參與者之方式。
　　2. 對於研究對象的原始資料，研究完成後應做好適當處理和妥善保存。
　　3. 研究發現應忠實完整呈現，不得省略相關資料。
　　4. 研究成果，不得一稿二投。
　　5. 研究成果出版，參與者應加以列名，以示對研究之貢獻。

四、教育研究倫理準則的實踐作為

　　教育研究是一項很嚴謹的工作，遵守研究倫理準則，成為確保研究品質的重要工作。不管是個人研究、機構委託研究或申請經費補助研究，都要將研究倫理納入研究計畫中，作為未來執行研究的指針，讓研究能夠順利進行且達成研究的目標。

　　教育研究倫理準則雖不像法律具有強制規範作用，但可作為研究過程中警惕之用，預防研究者有不當或過當行為，研究成果才足為學術社群和社會大眾所信賴。Hostetler（2015）曾指出良好的教育研究，不僅是完整的程序，而且也是有益的目的和結果，教育人員和教育研究者

的最終目標在於增進人民福祉，此乃點出倫理準則在教育研究的重要性。Bradley, Royal, Weber和Eli（2008）研究發現，倫理的考量，是構成良好教育研究的要素。因此，教育研究不能脫離倫理準則，違背倫理準則不可能成為良好的研究。

教育研究倫理不能只停留在理念層次，應該關注於實踐層次，才能彰顯其價值。茲提出下列實踐作為，以供參考。

(一) 增修適切教育研究倫理信條，提供學術研究社群遵循

目前教育研究倫理規範，以科技部、教育部和相關政府機關的法令規定為主，這是具有強制性的約束力，研究人員必須遵守。就教育學門而言，相關專業團體部分有訂定倫理準則，但屬於廣泛性的信條，並非以教育研究為著眼點。周愚文、洪仁進、許殷宏、郝永崴和鄭淑惠（2011）於2010年進行「教育學門保護研究對象倫理信條」研訂，在2011年完成倫理信條正式版，以國立臺灣師範大學教育學院名義，公告於教育學院網站並函送全國各教育學院系所及中華民國教育學術團體聯合年會轉知各會員學會參考，顯然只是參考性質，該倫理信條仍有討論和改進空間。因此，為了讓教育學門研究人員提升研究品質，以及讓研究人員對於能做與不能做的研究行為有所瞭解，實有必要根據該倫理信條再徵詢教育界意見，修訂適切的教育研究倫理信條，以利教育學門學術社群及研究人員有所遵循，對於鼓勵研究亦會產生積極的效果。

(二) 鼓勵各校設立倫理審查委員會，落實審查會功能

依《人體研究法》第3條第2項規定：「人體研究之監督、查核、管理、處分及研究對象權益保障等事項，由主持人體研究者（以下簡稱研究主持人）所屬機關（構）、學校、法人或團體（以下簡稱研究機構）之中央目的事業主管機關管轄。」而第5條亦規定：「研究主持人實施研究前，應擬定計畫，經倫理審查委員會（以下簡稱審查會）審查通過，始得為之。但研究計畫屬主管機關公告得免審查之研究案件範圍

者，不在此限。」目前只有部分學校設立倫理審查委員會，仍有學校尚未設立，雖然各校設立名稱不盡相同，但對研究倫理把關具有一定效果。未來應鼓勵每所大學都設立倫理審查委員會，以利研究人員就近接受審查，審查委員對於計畫涉及倫理問題，一定要提醒研究主持人或研究人員能加以注意，善盡委員會功能，落實審查會的目的，以有效保護研究對象。

(三) 宣導教育研究倫理，強化教育研究人員倫理行動

教育學門研究，不像醫學或心理學研究，大部分是以人爲研究對象，因而對於倫理規範極爲重視；但隨著人權、著作權的興起及寫作要求愈來愈嚴謹，教育研究人員不管是從事質性研究或量化研究，甚至不是以人爲研究對象，也應該重視研究倫理。爲了讓教育研究人員對倫理有更深入的認知與理解，深入宣導研究倫理的重要性，實有其必要，除了辦理相關學術研討會、設立網站或舉辦論壇外，出版相關教育研究倫理專書，亦是很好的做法，亦可成立教育研究倫理討論社群，鼓勵大家交流和分享意見，深信有助於提升教育研究人員研究倫理的知能，並進一步採取積極的倫理行動。

(四) 落實學術研究倫理審查公正客觀，激勵學術研究發展

教育學門研究倫理審查，不僅保障研究對象的權益，而且亦可避免研究人員在研究過程中產生不當行爲，實有其預防作用。然而，部分研究人員有時認爲倫理審查影響到學術自由和學術表現，主要原因在於不瞭解倫理審查的目的和過程所致，當然亦有可能審查委員的偏見或專業不足，無法被審查者所信賴，換言之，審查者與被審查者彼此之間缺乏信任關係，難免產生誤解。因此，雙方彼此信任關係的建立，以及審查委員具有專業知能，並且對研究人員所提出的研究計畫能夠以公正客觀的態度審查，意見中肯，深信被審查者也會虛心接受，對於激勵學術研究發展，亦會發揮良性的作用。

(五) 強化學術機構學術倫理責任，降低研究人員不當行為

　　教育研究學術倫理的責任，除了研究人員本身要負起責任之外，學術機構亦責無旁貸，換言之，學術機構本身要建立倫理審查機制和相關規範，以利研究人員遵守，不能發現研究人員有不當或違法行為，才要移送法辦，這種做法對於研究人員或學術機構形象都會造成損失。因此，宣導及維護學術倫理，應該也是學術機構責任的一部分。倘若政府機關或學術機構本身判定研究人員有違反學術倫理之情事，亦當密件通知當事人，要求檢討改進，讓當事人瞭解其違反學術倫理的原因及改進作為。基本上，學術研究倫理的維護，需要政府機關、學術機構、學術社群及研究者共同負起責任，才能收到更大的效果。

五、結語

　　教育學門研究倫理的重視，是確保教育研究品質和提升教育研究的價值的關鍵所在，此在多元化、科技化和品質化的時代，將更加凸顯研究倫理的重要性。

　　國內教育學門研究倫理規範的建立，要比歐美國家為晚，未來除了由政府機關建立研究倫理規範之外，學術團體亦應建立研究倫理信條或準則規範其所屬會員，學術機構及大學也要建立倫理審查機制及相關規定，以利研究者在執行研究過程有所遵循。

　　學術研究倫理所關注的是，研究者在研究計畫、執行和完成之後，都做對的事和做正當的行為，避免做錯事和不當行為，才是探究學術研究倫理本義所在，好的教育研究，必須經得起倫理的評估和檢驗。因此研究者對於研究倫理的認知與實踐，以及善盡自己的研究倫理責任，才是最重要的課題。

　　教育研究倫理規範，不只是一種理念的宣導，更重要的在於行動的實踐，讓研究者都將倫理準則內化到自己的研究行為，成為一種自律和自主性行動，需要政府機關、學術團體、學術機構和研究者共同努力。

參考文獻

一、中文部分

三民書局新辭典編纂委員會（1989）。**新辭典**。臺北市：三民。

周愚文、洪仁進、許殷宏、郝永崴和鄭淑惠（2011）。**教育學門保護研究對象倫理信條**。取自https://rec.chass.ncku.edu.tw/sites/default/files/%E6%95%99%E8%82%B2%E5%AD%B8%E9%96%80%E4%BF%9D%E8%AD%B7%E7%A0%94%E7%A9%B6%E5%B0%8D%E8%B1%A1%E5%80%AB%E7%90%86%E4%BF%A1%E6%A2%9D-20120118.pdf

科技部（無日期）。**科技部對學術倫理的聲明**。取自https://www.most.gov.tw/most/attachments/6aa33dd0-1009-4430-a44e-04c374e36d45?

二、英文部分

American Educational Research Association (2011). *Code of ethics*. Washington, DC:Author.

Bradley, K.D., Royal, K.D., Weber, J. A. & Eli, J. A. (2008). What constitutes good educational research? A consideration of ethics, methods and theory. *Mid-Western Educational Researcher, 21*(1), 26-35.

Burton, D.M., Bartlett, S. & Burton, D. M. (2009). *Education studies: Key issues for education researchers*. London :SAGE .

European Union (2013). *Ethics for researchers: Facilitating research excellence in FP7*. Luxemburg: Author.

Hostetler, K.(2005). What is 'good' educational research? *Educational Research, 34*(6), 16-21.

Resnik, D. B. (2015). *What is ethics in research & why is it important?* Retrieved from http://www.niehs.nih.gov/research/resources/bioethics/whatis/index.cfm

Sieber, J. (1992). *Planning ethically responsible research: A Guide for students and internal review boards*. London: SAGE.

Singapore Statement on Research Integrity (n.d.). Singapore Statement on Research Integrity. Retrieved from http://www.singaporestatement.org/statement.html

附錄一　新加坡研究誠信宣言

新加坡研究誠信宣言
前言：研究的價值與效益極其仰賴研究的誠信。儘管研究的規劃與執行可能會因國家 　　　與學科領域而有所不同，然而不論研究在何處進行，原則與專業責任都是研究 　　　誠信的基礎。
原則： 在研究的每一個層面都必須要誠實。 研究人員對所進行的研究負有責任。 與他人合作時，應有專業的禮貌並公平相待。 為他人盡研究的良好管理之責。
責任： 1. 誠信正直：研究人員應對其研究的可信度負責。 2. 嚴守規章：研究人員應明白並遵守與研究相關的規章與政策。 3. 研究方法：研究人員應使用適當的研究方法，根據嚴謹的實證分析做出結論，並 　　全面且客觀地報導其研究結果與詮釋。 4. 研究紀錄：研究人員應清楚、準確地記錄所有的研究，使他人得以驗證與重複他 　　們的工作。 5. 研究成果：一旦研究人員有機會確立其研究成果之優先權及所有權時，就應迅速 　　且公開地分享其數據與發現。 6. 著述：研究人員應對他們所有發表著作、經費申請、報告及研究的其他陳述中的 　　貢獻負責。作者名單應包括、且僅包括所有符合作者資格的人員。 7. 著作誌謝：研究人員應在其著作上感謝對研究有重要貢獻、但不符合作者資格的 　　人之姓名及角色，包括撰寫人、資金提供者、贊助者及其他人員。 8. 同儕審查：研究人員在審查他人的研究時須恪守公正、及時、嚴謹且保密的原 　　則。 9. 利益衝突：研究人員應在研究計畫、成果發表、公開談論及所有審查活動，主動 　　揭露可能會影響其客觀立場及可信度的財務和其他層面的利益衝突。 10.公開談論：研究人員公開談論有關研究結果的應用與重要性時，應僅就自己被公 　　認的專業提出專業的評論，且應明確區分專業評論與個人觀點。 11.檢舉不負責任的研究行為：研究人員應向有關主管檢舉任何可疑的不當研究行 　　為，包括偽造、竄改、剽竊以及其他會損害研究可信度的不負責任的研究行為， 　　例如：草率、不當地列舉作者、未能報導相矛盾的數據，或使用誤導人的分析方 　　法。

12. 因應不負責任的研究行為：研究機構、學術期刊、專業組織與機構對於檢舉不當行為及其他不負責任的研究行為應有因應的程序，並應保護善意檢舉此行為的人。當不當行為或其他不負責任的研究行為被確認時，應立即採取適當的措施，包括修正研究紀錄。

13. 研究環境：研究機構應透過教育、明確的政策及合理的晉升標準來營造並維護鼓勵研究誠信的環境，並孕育支持研究誠信的工作環境。

14. 社會考量：研究人員與研究機構應認知自己有權衡社會利益及其工作本身風險的倫理義務。

資料來源：Singapore Statement on Research Integrity (n.d.). Singapore Statement on Research Integrity. Retrieved from http://www.singaporestatement.org/Translations/SS_Chinese_AS_revised.pdf

第六章

教育研究倫理審查的
美麗與哀愁

張德銳

天主教輔仁大學師資培育中心教授

一、前言

　　我自從在大學從事教職以來，一向非常認同「教學、研究、服務三合一」的理念，亦即大學教職固然要以教學為主，但是要透過持續的研究，一方面協助建構教育科學的知識體系，另一方面以研究所得厚植任教學門的專業內涵，豐富教學內容。當然，研究的領域和主題宜儘量符應實務界的需求，並以研究成果向實務界推廣，協助實務界提升教育品質，以善盡教育界一分子的責任。

　　是以余任教大學28年以來，除了受託從事教育部或地方教育行政機關的專案研究之外，幾乎很少中斷國科會或科技部專題研究計畫的申請。在各項委託案和申請案的計劃與執行的過程中，本著還算扎實的國內外學術研究訓練，對於研究倫理的議題向來重視，也力求自己要以較高的道德標準，做一些利人利己利社會的教育研究，二十多年下來，算是無愧地交出一份還算可以的成績單。

　　我最近二年來因為申請科技部的專題研究計畫，應科技部人文及社會科學研究發展司的要求，必須將研究計畫申請研究倫理審查。我長期教授「教育研究法」的課程，深知教育研究倫理審查可以確保教育研究謹守「不危害研究對象身心」、「研究對象知情同意」、「確保個人隱私」等原則之美麗或理想（王玉麟，2004；Gall, Gall, & Borg, 2007），但近二年的受審經驗，卻讓我蒙受到國內尚未十分健全發展的研究倫理審查所帶給我研究上種種不便、窮於應付和挫折感，可以說是「未蒙其利反受其害」的哀愁經驗。以下就以我個人二年來二次的受審經驗為例，說明其過程、問題，然後提出一些實務改進上的建議，其目的不在抱怨，而是在於為發展國內教育研究倫理審查的健全體制略盡棉薄之力。

二、實例說明

　　我應要求必須接受倫理審查的第一個研究計畫係一個以「教師領導」為主題的全國性問卷調查研究，我本來想以這樣一個以教師成人為不計名的調查對象，且研究主題並無爭議性的研究應該可以申請「免審

查」或是「免除書面知情同意」之審查，但是電話聯繫校內唯一接受研究倫理審查的單位──「人體研究倫理委員會」的承辦人員，該承辦人員建議還是以申請「修正書面知情同意」為宜，於是便於當年4月底開始申請倫理審查，審查過程中被告知計畫主持人要接受8小時由「人體研究倫理講習班」所舉辦的研究倫理訓練，並於同年5月底接獲二位審查委員所提的6點意見，乃於6月初提出修正計畫並逐點回覆的說明，遂於隔年3月底本人完成研究倫理訓練8小時的要求後，4月初始接獲該研究倫理委員會之「免除書面知情同意」之通過證明。9月份完成科技部專題研究計畫後，再應該研究倫理委員會之要求繳交結案報告，11月份終獲該研究倫理委員會同意計畫結案備查。

　　讀者從以上我在第一次受審經驗的說明，也許可以感受到整個受審過程的繁瑣，沒想到第二年的經驗更是波折不斷。我第二年的研究計畫是一個有關「教學輔導教師學習領導」的質性研究。再次因補助單位的要求，於該年5月初就研究計畫申請研究倫理審查，5月20日獲得審查委員14點審查意見，並在意見書中看到其強人所難的要求需於5月25日前逐點回覆說明。本人在收到審查意見書後，有些感到不可理喻，便在當下第一時間內即反應該研究倫理委員會的承辦人員，因本人工作十分忙碌，無法依該審查委員的回覆時程完成回覆工作。百忙中，撥冗在6月20日加以逐點回應或修正後，不料又收到審查委員2點意見，只好於6月26日再加以逐點回應後，始獲該研究倫理委員會於7月底發給的通過證明。惟依審查意見中「訪談大綱如有修正，請於修正後正式使用前經IRB核准始可使用，若完全未修正始可直接使用」的要求。即使因為訪談大綱當初已考慮算是周密，但是還是因為訪談大綱必須文字小幅修正，乃被迫於該年11月初申請修正案，12月初獲准依新修正的研究計畫和受試者說明暨同意書執行研究工作。隔年8月初完成科技部研究計畫後，除呈報科技部專題研究計畫成果報告外，再應該研究倫理委員會的要求，繳交內容大致相同，但是格式要求不同的結案報告以求結案。

　　經過這二次受審經驗的折磨後，我當下決定不再申請需要研究倫理審查的科技部研究計畫，而改申請不需倫理審查的專書撰寫計畫。這樣

的決定，一方面固然是有感於研究倫理審查的繁瑣不堪，另一方面也是覺得已入耳順之年，應該把多年的研究成果趁腦力許可的情況下，做一些歸納、統整和闡述。

三、問題評析

從我二次接受倫理審查的經驗中，我感受到的第一個問題是：「我為什麼要接受『人體研究』倫理審查？」而不是「人文及社會科學研究的倫理審查？」甚至如果我接受的是「教育研究倫理審查」，會不會更理想？會有更美麗的結果。作為一位教育研究人員，我有我的專業尊嚴，我一向不跨界審查我不熟悉的領域，我也不需要接受以生物醫學、法界人士為主體的「人體研究倫理委員會」的審查。另外，要質疑的是以「人體研究倫理委員會」審查人文及社會科學研究的法律基礎何在？會不會有違法之嫌？

和審查組織息息相關的第二個問題是審查委員的人選，從「人體研究倫理委員會」的組織結構，我可以合理的推測我的案子的審查委員當不是來自教育學界，更不是來自我的研究領域——師資培育與專業發展，以至於審查委員所給予的審查意見有許多是對教育研究與實務的不瞭解所產生的傲慢與偏見。例如：第二個案子中的審查委員便認為「訪談大綱如有修正，請於修正後正式使用前經IRB核准始可使用，若完全未修正始可直接使用」的要求，係對於教育質性研究的不理解所做的過分要求。蓋在教育質性研究中很少有訪談大綱在計畫執行過程中一字不漏的完全不做修正，而必須隨著研究情境的進展，與時俱進地或多或少加以修正，才能獲得既深入又整全的厚實研究資料。即使在訪談過程中，也很少會有質性訪談者會一字不漏地用讀稿的方式加以發問，更有時也會針對受訪者的回答而把握時機，提出適當的追加問題，以獲得更深入的資料。而這些質性研究中所常用的技巧，常為外行人所不解。如果要針對每一次訪談時訪談大綱的更動，都要提出研究倫理審查的修正案的話，那是絕對不可行的。

第三，我在想是要每一個研究計畫都要接受審查嗎？有沒有擴大免審查的可能？我們在高等教育機構工作所面臨的問題之一是：人員愈

來愈少，而業務量卻愈來愈多，認真工作的人在此一情境下，過勞的現象愈來愈嚴重。如果工作是有意義的，有高度附加價值的，也許辛苦些並沒有關係，但是天下事往往是「天下本無事，庸人自擾之」。也就是說，我們許多工作是人為製造出來的，往往白忙一場，結果也沒有收到多大的益處。就研究倫理審查而言，減少不必要的審查，對於審查人以及受審人而言，雙方都是一種解脫，但是，以當前研究倫理審查制度的發展結果而言，是一些沒有必要接受審查的案子，像我第一年的案子，明明是可以「免審查」或是「免除書面知情同意」之審查，但是最後卻在科層體制的運作下，被要求接受「修正書面知情同意」的審查程序。

第四，對於研究倫理的訓練要求，我基本上是同意的，但在講授人員、內容及方式上，我還是有一些意見。就我接受的二個場次8小時的受訓當中，四位主講人員過半來自生物醫學領域，研習內容有許多是我早已熟知的研究倫理知識，案例也是偏重人體研究倫理的案例，而不是人文及社會科學研究倫理的案例。研習方式都是單一的講述法，甚至還有一位主講者，可能是因為其政治意識型態的關係，主講內容很多是與研究倫理無關的政治議題（例如：一路上嘲諷前總統馬英九先生的民意支持度只有18%），因時間浪費掉，其所負責講解的人體研究法以及人體研究的範圍與應用只好輕輕帶過。

第五，研究倫理審查，無論有無通過科技部的補助，都要支付一筆不小的審查費。沒有通過科技部的計畫補助，審查費固然要自理；通過科技部的計畫補助，也要因為支付額外的審查費，而產生經費排擠的效應。

最後，我所必須填報的申請表格不少，因表格格式係依人體研究而設計的，常感無法適用教育研究情境。研究計畫既要寫科技部的研究計畫，又要撰寫格式不同的研究倫理審查用研究計畫。同樣的，期末的結案報告亦有同樣的現象。

四、對策建言

以上是我遭遇到的受審經驗與問題。作為一位教育研究倫理的支持

者，我可以認同教育研究倫理審查的美麗理想，但是由於我的哀愁經驗，我並不希望我的同工，遭遇到類似的經驗，因此我提出下列六點善意的建議：

1. 人文及社會科學研究的審查應自人體研究審查中分立出來，而自成一個體系。我同意輔仁大學社會學系戴伯芬教授的如下意見：「各校『人體研究倫理審查委員會』如擅行審查非〈人體研究法〉適用之社會行為科學與人文科學研究，即有適法性之爭議」（陳智豪、載伯芬，2015，頁70）。

2. 教育研究倫理審查的審查委員宜由教育學者擔任之，以避免外行審查內行之非專業審查情況。這一點，我也非常同意輔仁大學應用心理學系劉兆明教授的如下意見：「研究倫理之推動或審查應尊重各專業學門之差異，各依其相關法規之規範與授權及各學門研究倫理準則行之，以避免干預學術自由，影響弱勢族群研究」（陳智豪、載伯芬，2015，頁71）。

3. 教育研究倫理審查宜擴大免審查之範圍，以免殃及無辜，並減少研究倫理審查的負荷量。如果能把送審範圍儘量侷限在研究對象為易受傷害族群或研究主題具有社會爭議者等，也許可以減少研究倫理審查對教育研究學者的不便和衝擊。

4. 教育研究倫理訓練的主講者宜由教育領域人員擔任之，研習的內容宜扣緊教育研究倫理議題與案例，研習方式除講述外，宜採用討論、情境演練、個案研討等多元方式。另外，亦允許以考試通過測驗方式替代研習時數要求之可能性。

5. 科技部規定要求進行研究倫理審查之研究計畫應由科技部全額補助審查費用。

6. 各學門研究倫理審查的申請表格應儘量簡化，表格格式應符合各學門的研究情境，並允許以科技部的專題研究計畫書和成果報告書，取代研究倫理審查所需繳交的計畫書和結案報告。

參考文獻

一、中文部分

王玉麟（2004）。研究倫理的相關議題。教師之友，**45**(3)，85-93。

陳智豪、戴伯芬（2015）。「臺灣學術研究倫理審查制度的變異與檢討」圓桌會議全
　　記錄。公共論壇，**6**，65-94。

二、英文部分

Gall, M. D, Gall, J. P, & Borg, W. R. (2007). *Educational research: An introduction* (8th ed).
　　Boston, Mass: Pearson.

第三篇

實況與實例篇

第七章

我國教育領域研究倫理審查：臺灣與美國規範及實務評析[1]

黃懷蒂

國立臺灣師範大學研究倫理審查委員會執行祕書

鍾志從

國立臺灣師範大學人類發展與家庭學系副教授兼研究倫理中心主任

盧萱

國立臺灣師範大學研究倫理中心專員

李思賢

國立臺灣師範大學健康促進與衛生教育學系

特聘教授兼研究倫理審查委員會主任委員[2]

1 本文感謝國立臺灣師範大學研究發展處、研究倫理中心、研究倫理審查委員會對於國際交流觀摩研習的資源挹注,及常春藤聯盟賓州大學研究倫理審查會(University of Pennsylvania's Institutional Review Board, UPenn IRB)的經驗分享。

2 通訊作者,臺北市和平東路一段162號國立臺灣師範大學研究倫理審查委員會,電話:02-7734-1701;E-mail:tonylee@ntnu.edu.tw

一、前言

我國在生物醫學、臨床試驗的倫理審查，自1980年代即已開始，起步甚早，已具備多年的實務經驗。然而人文行爲社會科學的研究倫理審查，則至科技部2009年起徵求研究倫理治理架構建置計畫才起始。2014年度「科技部補助專題研究計畫作業要點」納入專題計畫研究倫理審查相關規範後，國內教育學門計畫首當其衝，相關的研究計畫受到的影響，更出現研究及審查之間適應上的困難。短短時間內，研究倫理審查的機制從無到有，以至於過渡階段需要相當的磨合。

參考國外行之有年的研究倫理審查機制與優良期刊對於保護人類研究對象的重視，雖然學術界對於研究倫理實務當中的諸多議題提出批評（如Klitzman, 2015; Schneider, 2015），但是研究倫理已經是許多國家保護人民權利（即擔任研究參與者民眾之權利）的重要規範，也是部分國際學術期刊投稿必須具備的要件；基於此，國內學術研究欲站上國際舞臺，或與國外接軌時，不能忽視對於研究倫理審查的需求。

回到規範及實務層面，由於國內研究倫理審查的制度和實務近年才開始發展，尤以生物醫療領域的審查經驗最多，若將其現行規範直接套用在教育研究的審查上，會使得教育領域的研究在審查上遇到瓶頸。我國中央主管機關的規範走向應如何訂定？以及大專院校研究倫理審查會如何審查教育類研究？仍是亟待探討的議題。本文試圖以美國聯邦規範，以及常春藤聯盟賓州大學研究倫理審查會（University of Pennsylvania's Institutional Review Board, UPenn IRB）的審查經驗爲參考，對比國內現有研究倫理審查之規範及審查，期望能對於教育類的研究倫理審查提供具體建議及再思考的空間。

二、教育領域研究是否得免審查

研究倫理審查中的「免審」一詞，指的是對參與者的風險幾近於零，或幾乎不構成對參與者影響的研究。參與研究涉及的風險並不比未參與者高，審查機制上將這類研究區分出，只需要由審查單位確認研究類型符合免審範圍，即不需再透過研究倫理審查的機制達到保護研究參

與者的目的。

　　「教育類研究是否爲免除審查？」是大部分教育領域研究計畫主持人在申請研究倫理審查時遇到的第一個問題。衛福部2012年曾訂定「得免除審查」的案件範圍[3]，科技部則參考衛福部前揭函釋，於2015年公告針對人類研究的免送審查範圍[4]。此二函釋中皆納入「於一般教學中進行之教育評量或測試、教學技巧或成效評估之研究」，符合者可爲免審／免送之案件，這是教育領域研究的重要訊息，只是如此規範在適用上有一定的困難。

三、免除審查的前題

　　首先，衛福部、科技部的免審範圍雖包含「一般教學」案件，同時也訂定「免審」的前題，但是仍有疑慮存在。依函釋，免審案件必須非以未成年人、收容人、孕婦、原住民等參與者爲研究對象。若以保護參與者的角度出發，可以理解前揭「易受傷害族群」參加研究時，還有許多相關的倫理議題需要特別留意，例如：未成年者需考慮其心智成熟度，是否有能力瞭解研究風險且同意參與研究；收容人例如囚犯，雖處在高度限制人身自由的環境中，但其自主權利是否受到保障；孕婦因其體內乘載額外的生命，研究的風險不只是孕婦本身而已，因涉及胎兒發展，因此研究是否會傷害孕婦的生理及心理，需要特別小心。

　　回到免審前題的本質，可發現上述「易受傷害族群」所涉及的特殊議題，其實是在不同的研究設計及實驗情境中出現的，需要依個別計畫執行時是否會產生風險來認定。但是，若一個教育領域的研究計畫，研究對象雖然是未成年的學生，而內容是分析「去連結」的次級資料，並不會與未成年學童互動，也沒有研究介入。如此，這個案件在研究倫理審查上的判斷，應考量研究團隊實際上無法獲得參與者的聯繫資訊，也無法進行知情同意並取得其知情同意或簽署知情同意書，亦即不會洩漏參與者姓名與資訊，研究風險不會大於免除知情同意程序定義，故應可

3　衛福部（101）衛署醫字第1010265075號函。
4　科技部（104）科部文字第1040003540號函。

以屬於免除知情同意案件。此類研究若仍需以未成年心智能力為判斷的前題，實際上將導致邏輯上的矛盾和謬誤。但是，為了遵循現行主管機關的函釋規定，審查會仍必須依「易受傷害族群」的邏輯判斷不能免除審查，可見免審的範圍值得檢討。

　　參考美國聯邦法規定義的免除審查的範圍，並不像臺灣設定排除特殊或易受傷害對象的前題[5]。聯邦法規針對孕婦、孩童、囚犯等研究對象設有特殊的保護[6]，雖然以囚犯為對象的研究不能列入免審[7]，但在規範保護孕婦及孩童的篇章中，仍有可適用免除審查的特別說明[8]。因此可看出聯邦規範在訂定時，是依研究程序與性質而採個別審查與多元討論，對於案件是否得免除審查，並不會因為研究對象是易受傷害族群，即一以貫之將涉及易受傷害族群的案件皆排除於免除審查範圍之外。除了能保護不同研究對象的倫理思維之外，聯邦規範亦給予審查會更多彈性核判的空間。本文認為若以研究倫理審查的精神作核心思考，美國聯邦法規的規範方式，可以作為我國研究倫理審查制度檢討改進的參考。

四、教學研究的免除審查

　　國內衛福部、科技部的免審查，皆納入「於一般教學中進行之教育評量或測試、教學技巧或成效評估之研究」，但沒有針對此再特別公告進一步的定義，以至於在審查實務上，有此類研究不容易被認定的問題。美國聯邦法規亦有相似的教育研究範圍免審規定[9]，雖其針對所謂「一般教學」亦無進階的說明，不過聯邦法規針對教育研究的免審，仍有重要的進階判斷標準，或可作為國內案件核判時的重要參考。

　　依美國聯邦法規，涉及教學測試的研究（包含認知、診斷、資質、

---

[5]　45 CFR 46, Subpart A

[6]　45 CFR 46, Subpart B, Subpart C, Subpart D.

[7]　45 CFR 46, §46.301

[8]　45 CFR 46, §46.201, §46.401

[9]　U.S. 45 CFR 46, §46.101(b)(1)

成績）、調查、訪談流程，或觀察公開行為的研究，皆得免除審查，但需符合二條件：(1)無法自研究中取得的資訊，識別特定的研究參與者；(2)任何在研究以外對於參與者資訊的揭露，皆不會影響參與者，讓參與者涉入犯罪、民事責任，或損害參與者的財務狀況、工作聘僱或名譽[10]。此外，為因應政府公權力領域研究的需要，若該教學測試研究未符合以上二條件，但符合(1)其研究參與者是經公部門選擇或指定，或(2)經聯邦法規規定，該個人可辨識資訊自研究後被保存維護者，仍可以是免除審查的案件[11]。國內教學研究的免除審查適用，或可多方參考美國的規範及經驗，讓研究倫理審查委員會在判定教學研究時，可以不再糾結於「一般教學」的模糊定義上，而有較清楚明確的依據。

對比國內教育領域研究審查上的疑問，我們或許可以參考賓州大學研究倫理審查會的經驗：該校知名的「Grit」[12]系列研究，或可作為教學研究的說明。「Grit」是賓州大學Duckworth等（2007）教授的一系列研究，主題是找出使學生能夠達成目標或是成功的重要特質。Duckworth教授團隊調查及追蹤許多學生的表現，並分析相關的變項，例如：成績、智商等，結果發現對於一件事情的毅力與熱情，是影響成功與否的最重要因素。Grit研究在賓大研究倫理審查時，並不因研究對象為未成年人，即不符免審要件。該審查會認為需確認的要項，是該研究取得學生資料進行分析，能否識別出單一學生？並進一步確認該研究是否涉及敏感議題，例如：研究資料的揭露或成果發表有無歧視或汙名化風險等，而有更多更進一步關乎研究設計細節的討論與核判，這值得國內教育研究審查借鏡。

五、教育領域研究與法定代理人知情同意

「知情同意」是另一個教育研究在倫理審查時遇到的困難議題，且

---

[10]　U.S. 45 CFR 46, §46.101(b)(2)

[11]　U.S. 45 CFR 46, §46.101(b)(3)

[12]　Duckworth, A. L., Peterson, C., Matthews, M. D., & Kelly, D. R. (2007). Grit: Perseverance and passion for long-term goals. *Journal of Personality and Social Psychology, 92*(6), 1087-1101.

由於教育領域的研究很可能涉及未成年參與者，「法定代理人知情同意」更是研究倫理審查時的重要議題。

我國《人體研究法》於2011年公告施行，衛福部並在隔年度公告函釋[13]，將「人體研究」與「非人體研究」區分為二。人體研究應遵守衛福部規範；非人體研究則不受限制，或僅需遵守例如科技部等經費挹注單位的規範。教育研究中的知情同意從此被切成了二邊：人體研究案件知情同意，除非是「得免取得研究對象同意之人體研究案件範圍」[14]載明的例外，否則都應依法辦理；相反地，人類研究案件則出現規範上的真空；前者大幅度降低了審查會的判斷空間，後者雖創造了極大的彈性，卻常讓審查會無所適從。

依《人體研究法》，研究對象為未成年者，應取得法定代理人知情同意。並按知情同意的要件：法律上定義的「意思能力」，即具備完全行為能力，得以行使同意權利的成年人為20歲，未滿20歲者皆為未成年人。然而，教育或校園研究領域中，有許多會涉及敏感議題，例如：物質濫用與衛生教育、性行為與性傾向、未婚懷孕與愛滋防治，或是探討家庭暴力對於孩童學習成效影響等研究。一旦研究性質屬於「人體研究」，「必須」取得法定代理人同意，不僅可能帶來研究偏誤，更可能與保護研究參與者的初衷背道而行，反而破壞參與者的隱私，並造成關係緊張，甚至研究計畫無法進行。

參考美國聯邦法規，其中並沒有區分人體研究或行為與社會科學研究，不管是哪一個領域的研究都一律適用。而考量到前述的特殊狀況，聯邦法規中特別規定了可免除法定代理人同意，僅需取得未成年參與者同意（Assent by children）的條件：若審查會判斷研究計畫取得父母或監護人同意，在保護參與者的機制上並不合理（例如：研究受虐兒童），且免除法定代理人同意並不違背聯邦、州法或地方法律，即可藉由審查機制免除法定代理人的同意，並提供適當的機制以保護參與研究的孩童。該適當機制則需依研究設計及性質、參與者的研究風險與利

13　衛福部（101）衛署醫字第1010064538號函。

14　衛福部（101）衛署醫字第1010265083號函。

益、兒童的年紀、成熟度、社會地位及其他情形等決定。[15]聯邦法規藉
此授與了審查會依案件情況個案衡量的權限，審查會也因此在授權內具
備相當的衡量與彈性，透過審查判斷法定代理人同意的合理性，再決議
研究計畫得否免除。相對於目前國內受限未能免除法定代理人同意的研
究倫理審查，十分值得參考與檢討。

六、學校在教育領域研究中擔任的角色

　　「校園」是教育領域研究的首要場域，近年來研究參與者權利、
隱私權、個人資料保護等意識的興起，讓各級學校面對進入校園研究
時，開始思考學校是否需具備一定的機制，保護校內的師生及其他成
員。此外，學校在獲得招募或是聯繫時，該如何決定要不要讓研究在校
內進行？

　　在研究倫理審查中，時常應用「守門人」（gatekeeper）的機制，
借重學校的專業，並尊重學校的權力。此涉及兩個重要面向：首先，學
校是第一線最瞭解內部成員的單位，研究者及審查會透過校方，可增加
對於研究風險的認知（例如：協助判別議題是否敏感、該學生是否適合
參與研究）進而保護師生參與者。其次，學校為教育機構與單位，對於
校園內發生的狀況具備監督管理的權力，故研究是否能進入招募或執
行，應先獲得校方的首肯。關於此，研究倫理審查時，一般會要求計畫
主持人需設計「校方知情同意書」或執行前需獲得「機構同意研究執行
公文」，始得進入校園。

　　縱此，實務上仍有進一步需面對的議題：若校方面對來自各方的邀
請，由誰可真正代表學校擔任守門人，同意研究進入執行？以及校方可
否決定哪些學生可以參加研究？能否將師生的資料提供給研究者？

　　針對這些問題，我們亦可參考賓州大學研究倫理審查會的經驗。首
先，校方擔任守門人時，並不是由單一的長官（校長、教務長、學務
長）決定同意與否，而是納入校園中對此議題熟悉的人，組成小組研

---

[15]　U.S. 45 CFR 46, §46.108(c)

議決定，例如：研究案若是學生輔導計畫，則在研究對象的中小學校內，由校長邀集學務處、輔導中心主任、任課老師等共同研議，瞭解內容後決定。其次，針對能否將研究資料提供給研究者部分，校方可在入學時增加對「參與研究」的調查，即向學生及家長徵求「是否可將資料提供研究使用」、「是否願意研究招募轉介」的意願，並且予以尊重，不授權者，學校即使同意研究進入，亦不提供資料。

　　然賓州大學的經驗也提醒了我們，校方擔任守門人時，研究倫理審查會亦需留意利益衝突的議題。賓州大學地處費城，部分學校資源缺乏，因為研究案的關注與實施，會為學校帶來資源的挹注，而校方為了爭取資源進入校園，通常會很樂意合作，此時守門人是否能適切地擔任把關角色，便值得考量。也因此審查會在守門人機制以外，仍需著重研究者取得當事人的同意，及視情形要求研究團隊需守密及保護參與者資料（例如參與者名單、訪談記錄等），不向校方揭露，也不因校方要求而提供資料。

七、結語：更彈性多元的研究倫理審查

　　「研究倫理」本身沒有標準答案也無唯一解，這個特性造就了多采多姿的可能性與空間。研究倫理審查，是審查會與研究團隊討論的過程，即尋求保護研究參與者最佳解法時，共同參與的過程。尤其是多元領域且不斷創新的教育研究，研究倫理審查更需要彈性、互動，及經驗的累積與交流學習。本文的評析，希望提供教育領域的初步審查經驗，並期待國際交流所學，能提供國內制定相關規範與政策，及研究倫理審查實務的重要參考依據。期待未來的發展能更走向研究者及參與者雙贏的局面，研究倫理審查可幫助研究者執行好的研究，同時也能善盡學術社群保護研究參與者的社會責任。

參考文獻

一、中文部分

戴正德 / 李明濱（主編）（2012）。**人體研究倫理的理念與實踐**。臺北：教育部。

人體研究法（100年12月28日）。

教育學門保護研究對象倫理信條，國立臺灣師範大學教育學院教育學研究倫理信條研擬小組（100年12月20日修正）。

二、英文部分

Klitzman, R (2015). *The Ethics Police? The Struggle to Make Human Research Safe*. United States: Oxford University Press.

Schneider C E. (2015). *The Censor's Hand The Misregulation of Human-Subject Research*. United States: MIT Press.

Duckworth, A. L., Peterson, C., Matthews, M. D., & Kelly, D. R. (2007). Grit: *Perseverance and passion for long-term goals. Journal of Personality and Social Psychology, 92*(6), 1087-1101.

Duckworth, A.L., & Gross, J.J. (2014). *Self-control and grit: Related but separable determinants of success. Current Directions in Psychological Science, 23*(5), 319-325.

Lee P (2005). The process of gatekeeping in health care research. *Nursing Times, 101*(32), 36-8.

United States Congress. "Code of Federal Regulations Title 45 Code of Federal Regulations Part 46" (Revised 2009), U.S. Department of Health & Human Services. Retrieved from http://www.hhs.gov/ohrp/regulations-and-policy/regulations/45-cfr-46/index. html (Accessed September 30, 2016).

第八章

日本教育學門各學會的研究倫理規範與啟示

林雍智

臺北市立大學教育行政與評鑑研究所博士候選人

日本東京學藝大學哲學博士候選人

111教育發展協進會理事

一、前言

　　進行教育研究以瞭解各項教育問題，並將研究結果作爲改善教育實施之用，是推動教育創新與永續發展的重要途徑。但因教育研究以「人」爲研究對象的情形甚多，因此，進行研究之時更需遵守科學研究的倫理規範或行動準則，以保護參與研究之對象，使不致造成不利益或傷害情形。

　　近年來，在全球化的進行及網路科技的發展下，研究所需資料較過去更易於取得，研究產出速度亦較過去爲快，且研究成果的國際比較更被作爲高等教育排名或是研究業績競爭之用。因此發生研究抄襲、捏造、侵害人權或違反公義與社會責任等所謂「不正當研究」的案例亦有日益增多現象。是故，研究倫理（research ethics）的議題逐漸受到各國重視，各國、各學門領域亦陸續制定專屬的研究倫理規範，以保障研究品質的正確性、誠實性、品性與尊嚴。

　　歐美國家得利於教育的科學研究發展較快，所以各專業學會針對會員制定出在研究上的倫理規範者，普遍來說較東亞國家爲早。以美國爲例，「美國心理學會」（American Psychological Association, APA）已早於1953年制定倫理綱領（APA, 2010）並敘明會員在研究、教育與實踐活動上應遵循的準則，其教育學門各學會則大致在1980到1990年代間制定出該會專屬的研究倫理規範；英國教育學門各學會制定出倫理準則以規範會員之研究行爲者則較美國稍晚，時間約落於1990至2000年之區間（McNamee & Bridges, 2002）。不過最近五年內，上述之美、英學會亦皆相繼修正倫理準則，加入符合時代所需的研究倫理規範。至於東亞國家的日本對研究倫理的重視係自1998年，但政府各機關、各大學與各專業學會直到2006年之後，才加速研究倫理的策定（日本学術会議，2006）。其中，教育學門的各專業學會所提出之，日文稱爲「倫理綱領」（principles）或規程（code）的倫理規範，則大致集中於2010年之後出現（佐佐木保行、秋田喜代美，2007）。若將日本概況與我國科技部於2010年起推動人類研究審查、教育部在2014年訂定研究倫理審查要點相較，即可得知日本倫理規範的制定雖早於我

國，但兩國教育學門各領域在2010年後推動制定研究倫理規範或進行研究倫理審查的進程亦頗有相似之處，值得加以對照。

由於研究倫理之本質係爲專業社群和社會所訂立的「契約」，也是專業社群課予所屬會員進行研究時的義務（Knapp & Candecreek, 2002），因此，研究者更應重視在法制、社會責任、專業價值觀與人性尊嚴上的倫理問題。然而，由於教育學門內的領域眾多，所依據的倫理學派觀點亦各異，研究時更可能面臨許多不同困境需要解決，若能參酌與我國約同時期發展研究倫理規範的日本案例，或許可在研究倫理規範的主流參照對象——歐美國家外，找到適合東方社會的發展途徑，以完善我國的研究倫理規範。因此，本文本著上述想定，茲以日本爲例，從教育學門各學會制定研究倫理規範的沿革談起，經瞭解其規範情形並分析其內涵後，提出三項啓示，讓探究研究倫理的視野能更爲擴大與周全。

二、日本制定研究倫理規範的沿革

欲探究日本教育學門有關研究倫理的規範，主要可從政府、研究機構與教育學門各學會所制定之倫理綱領談起。上述組織制定的研究倫理規範在名稱上相當多元，有名爲「行動規範」者，亦有稱之爲「倫理規定／綱領／宣言／規程」者；在內涵上，則有獨自明列研究倫理規範或將其內含於一般倫理規範各條目中呈現者。

日本各界對該國制定研究倫理規範起源之共識，通常追溯到「日本學術會議」於1980年所發表的「科學者憲章」上，該憲章係爲日本最先展現倫理綱領方向性的聲明，受到學界極高的評價。隨後，日本學術會議接著於2003年與2006年分別發表「何爲科學研究之不正當行爲」與「科學者的行動規範」兩聲明，強調所有科學社群進行學術研究時應遵循的倫理規範（日本学術会議，1980，2003，2006），開始日本學界重視研究倫理的風氣。然而，根據日本學術會議當時對各公私立大學、研究機關或學會進行之調查，發現日本政府與研究機關開始制定相關研究倫理綱領之時間點，雖可回推至1998年，但在2006年之前，日本各機關已制定倫理綱領或正於討論中者，僅占全體之55.7%（日本學

術会議，2006），足見研究倫理議題，在當時並未獲得日本各界的高度重視。

在這前後，日本政府與各研究機關陸續發表了有關研究倫理議題的相關政策，如內閣府總合科學技術會議於2006年提出「如何應對研究上之不正當情形」、文部科學省的科學技術・學術審議會作成的「研究活動不正當行爲之對應導引」（2006年）與「研究費不當使用之對策檢討會報告書」（2008年）、理化學研究所發表的「科學研究上不當行爲之基本對應方針」（2005年）與產業技術總合研究所的「研究者行動規範」（2006年）等報告書[1]。這些相關報告書也促成了大學等教育、研究機關或各學會開始擬定研究倫理規範。

近期來看，文部科學省爲回應社會對2014年理化學研究所出現捏造萬能幹細胞論文醜聞的質疑，於同年提出「研究活動不正當行爲之應對導引」與「研究倫理指針」兩項關於研究倫理的重要指針（文部科學省，2014）。[2]在「研究活動不正當行爲之應對導引」中，文科省提出研究不正當行爲之責任應歸屬於研究者、研究（科學）社群的自律與大學等研究機關的管理責任。因此，爲防止研究的不正當行爲，應從「實施研究倫理教育」、「保存與公開研究不正當之資料」等方向著手，透過對研究組織的課責與政府機關的調查來確保研究倫理。此一報告，促進了日本大學等研究機關對研究倫理議題更爲愼重，並制定相關確保倫理的機制。由於當時在醫學領域上，對醫學與藥學在臨床實驗等人體研究上已有系統性的規範，是故，各機關或大學無論是訂定倫理規則，或是成立「倫理審查委員會」（Institutional Review Board, IRB），大致皆以「人體爲研究對象的研究活動」作爲其研究倫理之界定範圍，也因此各大學的倫理規範與倫理審查對所有學門的規定大抵相同，並未針對教育學門的獨特性設計相應之倫理規範。其次，各大

1　內閣府隸屬日本總理大臣，位階高於中央政府各部會；文部科學省為日本主管教育、文化、體育與科技事務之中央部會。

2　該「研究倫理指針」為過去醫學領域進行臨床研究或疫學研究相關倫理指針的統整版本，其直接規範之對象，限定為進行人體實驗之醫學領域研究。

學，特別是進行師培的教育大學，如上越教育大學、北海道教育大學或兵庫教育大學等爲回應文部科學省提出的指針，不論其是否在2014年前已制定研究倫理規則，皆再行修正，加入實施研究倫理教育等新項目（上越教育大学，2015；北海道教育大学，2015；兵庫教育大学，2016）。由於各大學提出的研究倫理規則較屬於倫理委員會的設置、告知同意書的撰寫與倫理審查的流程等相關規定，對於教育學門專屬且特定需遵行的研究倫理規範並無太多著墨。因此，要探討教育學門的研究倫理規範，可由另一角度切入，從日本教育學門的各專業學會所制定之研究倫理綱領看起。

三、教育學門各學會制定研究倫理規範的情形

日本教育學門擁有許多不同類型的學會，參與學會的會員依學會的屬性，從研究人員、教育行政人員到教師皆有，十分廣泛。另外，各學會不論從會員數的規模、從事理論或實務研究、進行教育通論或是以各學科領域議題爲探討標的、以全國或是特定地區爲活動場域等，日本教育學門的各學會不論在數量或會員的參與熱忱度上，皆相當多元與豐富。相較於我國教育學門中各類主流期刊多由大學或系所出版之情形，日本各學會的研討會與所出版的刊物也係被教育研究者視爲發表論文的主流場所。但由於各學會對投稿論文的格式、撰寫原則等各有獨自規定，因此投稿者對其需有清楚瞭解，方可通過各階段稿件審查（林雍智、葉芷嫻，2014）。也就是說在日本，教育研究人員固然應遵守本職所在大學的倫理規範，但各學會的倫理規範對其來說更具代表性，也更能發揮約束會員在研究活動上與投稿論文時遵守規範之功能。

整體來說，日本教育學門制定倫理規範時，也以日本學術會議所提出之各項聲明作爲共同循據準據。教育學門當中，最早提出倫理規範者概屬日本教育心理學會於2000年所提出之倫理綱領，但其制定時仍深受美國APA倫理規範之影響，於是該倫理綱領亦比照APA倫理規範，區分爲「一般原則」與「倫理規定」兩大構面（日本教育心理学会，2000；佐佐木保行，2008），有關研究倫理的規定，則散見於各條款之中。其次，日本最具規模、歷史最悠久的「日本教育學

會」則接著於2004年提出倫理綱領（日本教育学会，2004），此兩學會可算是教育學門專業學會當中較早提出倫理規範者。至於其他主要學會制定倫理規範的時間點，則大致在2010年前後才出現。例如：日本職業教育學會（2006）、日本比較教育學會（2007）、日本高等教育學會（2012）、日本環境教育學會（2012）、日本社會教育學會（2012）、日本特殊教育學會（2013）與日本教育工學會（2015）等。此外，各學科領域的相關學會，如日本體育科教育學會（2013）、家庭科教育學會（2015）與社會科教育學會（2016）等，也都陸續自2013年起制定倫理規範。值得一提的是，教育行政領域中較重要的日本教育行政學會、教育經營學會、教育制度學會及學校教育學會；課程與教學領域中較具分量的日本課程學會，現階段並未從相關文獻中獲取相當於研究倫理規範之檔案或說明。有關此項，作者亦曾當面訪問教育經營學會的濱田博文會長，請教該學會未明訂自屬研究倫理規範之原因，結果獲其答覆為「該學會有鑑於日本當前的研究發展脈絡、對研究倫理亦十分重視，至於倫理規範的建立，則將再召開會議討論」之回饋。於此，上述學會是否因為參與會員與其他專業學會的重複性高等因素而不再獨自進行規範，抑或當前正於擬定階段中？其原因或現況仍值得深入探究。

　　綜合上述日本教育學門各學會制定研究倫理規範的狀況，得以知悉各主要學會大致上皆以：1.制定專屬的研究倫理規範；或2.在提出之一般倫理規範中敘明研究倫理準則等方式規範所屬會員的研究行為。但由於日本教育學門各主要學會制定研究倫理規範之起源，係因該國在科學研究上發生許多「不正當研究」之刺激而來，因此規範制定年代亦與當今相距不遠。再者，從各學會的倫理規範中，也可發現各學會對研究倫理應具備的內涵，因有不同的重視程度，因此內涵上並不完全一致。

四、教育學門各學會研究倫理規範之內涵

　　各學會要如何對研究的「倫理」概念進行定義，並具體敘明在「倫理綱領」之中，會依倫理學派的觀點與各領域的研究特性而有所不同。例如：日本教育心理學會係以條款方式特別書明研究倫理，但日本

教育學會的倫理綱領整部皆為針對研究活動所制定之倫理規範。這些差異，或許也展現了各教育研究領域之特性與倫理綱領制定者對研究倫理的態度，或是重視面向上之差異。

　　為比較日本各主要教育學會研究倫理規範之差異，作者乃自上述各學會的倫理規範中，抽取出有關研究倫理之條文，或是內含於一般倫理規範中之研究倫理準則，共計12項，經整理後製成如表1所示之比較表。從該表得知，在「尊重人權與社會責任」、「研究實施過程之說明義務」、「不得侵犯著作權」、「尊重或保護研究對象與資料提供者」與「貫徹研究倫理之義務」等部分之研究倫理要求，是大多數學會明列於所制定之倫理規範當中的；而「應遵守相關法令或倫理規範」、「將研究成果回饋於社會」或「進行研究倫理的研習進修」等研究倫理主張，則有各家不一之情形。然而，在「告知同意」一項中以專款明訂研究者需以書面或口頭方式，取得參與者或是法定代理人同意之學會並不多見，推估其原因或許是未專款分列「告知同意」項目的學會，已將說明責任列於前項「研究實施過程之說明義務」中，因而不再單獨列出之緣故。此外，從上述各學會倫理規範中對研究倫理規範項目之歸納，亦可得知各學會對「研究倫理」之看法、態度與關注點，也因本身領域的研究傾向而有差異。

　　若進一步分析表1，尚可發現各學會皆在倫理規範中，將研究倫理以包含：1.研究活動，與2.研究成果的正當性之兩項特被視為「廣義的研究倫理」的特徵予以呈現倫理規範（田代志門，2011；平石隆敏，2015）。相較於專為防止捏造、竄改、盜用等研究不正當情事而設定的「狹義研究倫理」，採廣義的研究倫理規範較能彰顯教育研究者在整個研究過程的應然角色與作為。其次，若對照美英等國的專業學會長時間以來倫理規範的發展，也可知日本各學會各對研究倫理的界定具有簡潔且多元的特徵。所謂簡潔是指各學會對研究倫理在界定上多指出其方向性，在內涵上的細部論述不多；多元則反應在各學會對研究倫理規定不一上。當然，研究倫理規範也會隨時代變遷，在同質、異質領域中，甚或跨國相較下持續修正。再檢視各學會較早期提出研究倫理規範的各版本，亦可發現其在研究參與者權利的優先順序、教育研究行為與

表1　日本教育學門各學會倫理規範中有關研究倫理之比較表*

	規範制定年代	對人權的尊重與社會責任	遵守其他法令與倫理規範	研究實施過程之說明義務	告知同意	不得侵犯著作權	不得竄、捏造或偽造	尊重隱私權及資料守密義務	相互協助、尊重成果貢獻權利	尊重或保護研究對象與協助者	研究成果回饋社會	研究倫理研習進修	貫徹研究倫理義務	項目小計
		研究倫理規範中出現之項目**												
教育心理學會	2000	○		○	○			○	○	○		○	○	8
教育學會	2004	○			○	○	○	○		○			○	8
職業教育學會	2006	○		○	○	○	○	○		○			○	9
比較教育學會	2007	○	○				○	○		○			○	7
高等教育學會	2012	○	○				○	○		○			○	7
環境教育學會	2012	○					○	○		○			○	6
社會教育學會	2012	○	○	○				○		○			○	7
特殊教育學會	2013	○		○	○		○	○		○	○		○	8
體育科教育學會	2013	○					○	○		○			○	6
教育工學會	2015	○	○	○	○		○	○		○			○	10
家庭科教育學會	2015	○		○				○		○			○	7
社會科教育學會	2016	○						○	○	○				6

資料來源：作者自行整理。

註*：各學會之名稱省略「一般社團法人」及「日本」等全銜，以簡明呈現各學會之主要業務屬性。

註**：各倫理規範項目中填上「○」號者，代表其出現於各學會研究倫理規範中，未填上者則代表「未規定」或是「未列出」。

教學改進行為（research vs practice）的判斷、個資隱私的保護、不正當研究的防止等項目上的重視程度不一現象，這些造成研究倫理在解釋上，在社會責任上挪移於天平兩端間的變化，相當有助於我們理解日本研究倫理概念與規範的發展脈絡。

五、日本案例對我國的啓示

本文綜上對日本教育學門相關研究倫理規範的建立與近期發展之分析，歸納出可供我國教育學門在建立研究倫理規範上之三項啓示，茲論述如下：

(一) 教育學門各學會應建立共通研究倫理規範，提供遵循依據

我國教育學門各學會應考量學門內各領域之研究需要，參考本文提及之日本教育學門各學會倫理綱領等研究倫理規範，與國外諸如美國APA、AERA（American Educational Research Association, 2011）、英國BERA（British Educational Research Association, 2011）等學會的研究倫理規範，共同針對教育研究之特性與需求，兼考量本國文化與國民習慣，會商研擬出一個教育學門專屬的、能涵蓋各教育領域的基礎研究倫理規範或研究倫理準則，供研究者作爲遵循依據。該規範中列入的項目，應重質不重量，針對國內狀況與未來需求進行選定即可，不必全部納入，以免過於瑣碎，反而阻礙研究者的研究熱忱。與現行各大學所制定的倫理規範或IRB之審查機制之不同處，在於這份共通的基礎研究倫理規範，係爲針對進行教育研究時，例如：「研究對象爲中小學學生、進行教學研究、問卷調查或質性訪談時，可能對參與者造成侵襲或介入等不利益的情形」等狀況提出之規範，此規範除可供做教育學門各社群的公約以及IRB進行審查之依據外，更有助於強化研究公正性，提高社會對研究結果的信賴。

(二) 研究倫理之素養，應自研究者培育階段逐步扎根落實

教育研究者的研究倫理素養，應可自研究者養成階段即開始實施，以培育研究者內化於心之倫理素養。可行之做法例如可在研究所「教育研究法」課程中加入研究倫理議題，或是單獨成科探討倫理規範與在各教育研究中曾出現之案例，來搭配現行要求研究者在執行研究前

必須參與研究倫理研習的規定。平石隆敏（2015）指出「最有可能發生『不正當研究』的時間點，並不在於事前倫理審查或是研究計畫階段，而是在於研究結束、將成果撰寫成論文並發表後，受到閱讀者的仔細吟味或深入檢證才開始讓問題表面化」。是故，採用本文所述之「廣義研究倫理」觀點爲研究者倫理素養進行事前培育，會比在研究前後期間以「狹義研究倫理」型態課以審查義務更具效果。目前，美國的印第安那大學與加州大學聖地牙哥分校等大學已針對研究所學生開設研究倫理、研究公義與責任研究等倫理課程（Whitley & Ketih-Spiegel, 2002）；日本的名古屋大學、神奈川大學與北海道教育大學等也相繼提出研究者倫理教育的計畫（北海道教育大學，2015；神奈川大學，2015；齋藤芳子，2008）。上述做法，當可成爲我國大學開設符合教育研究特性的研究倫理課程之參考案例，讓教育研究的倫理素養可以經由課程，早期落實於研究者培育搖籃之中。

(三) 架構研究倫理規範資源平臺，提供典範案例與做法參考

　　教育研究者如能在進行研究之前，即設計出符合倫理規範的研究計畫，將可節省許多時間、經費成本，也可避免侵害受試者的風險。對研究者而言，若有「公開的」研究倫理規範及相關研究不正當之資料可供參照與警示，則不但在架構研究計畫、決定研究方法及選擇研究對象上會更有效率，從另一角度來看，亦可避免研究者產生「研究倫理過度擴張，導致研究難以進行」之窒息感。是故，建議可參考日本「科學技術振興機構」建構「研究公正」網站的模式（科學技術振興機構，2016），架構研究倫理規範資源平臺，臚列各大學與學會研究倫理規範資料或超連結。該平臺可兼提供教育學門相關倫理典範與案例，讓研究者就自己領域尋得相關前例之適當做法，例如：如何選定研究參與者與如何進行告知同意等範例以爲參照，此會較「提供各種文件格式、範本再予以審查」的現行模式更爲精準。此外，提供教育學門中曾發生的違反倫理案例並分析其違反原因，也有助於研究者掌握該領域的研究倫理規範之正確度。

六、結語

　　儘管日本各學會制定出研究倫理規範已有一定時日，研究者對其應有充分認知可以遵循，但在業績競爭的環境下，各種研究出現捏造、竄改、盜用等違反研究倫理，甚或刊載於國際知名期刊的論文因上述原因遭撤銷的情形近來仍屢出不窮，可見在重視研究表現的當下，連守法與注重公德的日人仍無法完全杜絕違反研究倫理情事的發生。由日本案例來看，要確保研究人員遵守研究倫理規範，徒有法律規範仍不足，在道德規範並行下，於研究者培育階段之源頭開始養成研究倫理素養，或許才能減低不正當研究的發生率。目前，我國要求研究人員需接受倫理研習，研究計畫在執行前亦必須送IRB進行審查，此係屬一種以政策從防弊角度對研究計畫進行倫理審定的做法，亦屬於對研究倫理的狹義界定。

　　要建立研究倫理規範，正本清源之計，建議可從「研究教育」與「管理機制」兩大方向著手。在研究教育上，以道德規範輔助法律規範之不足，透過研究人員養成過程的倫理素養訓練，以及研究過程的事後檢驗等協助研究結果不逸脫倫理規範；管理機制方面，則需建立有體系的管理流程。從研究倫理素養的培育到研究計畫倫理審查，再至研究成果的檢驗，這應是一套完整的流程，從頭做起雖需耗費時日，但唯有完整的機制，才能保障科學研究的品質。教育研究的場域常以學生或教師為研究對象，是故，研究者在進行研究時應該更特別意識到研究倫理的重要。有了公正、誠實與重視人性尊嚴的研究結果，教育研究才能發揮引導教育創新的功能，教育發展也才能作為促進國家進步的資本，研究者對此應有崇高自覺，嚴肅看待之。

參考文獻

一、中文部分

上越教育大学（2015）。国立大学法人上越教育大学研究倫理規程。取自https://

www.juen.ac.jp/050about/010info/files/kenkyu_rinri.pdf

日本学術会議（1980）。科学者憲章。東京都：作者。

日本学術会議（2003）。科学における不正行爲とその防止について。東京都：作者。

日本学術会議（2006）。科学者の行動規範について。東京都：作者。

日本教育学会（2004）。一般社団法人日本教育学会倫理綱領。東京都：作者。

日本キャリア教育学会（2006）。日本キャリア教育学会倫理綱領。取自http://jssce.wdc-jp.com/about/ethics/

日本比較教育学会（2007）。日本比較教育学会倫理綱領。取自http://www.gakkai.ne.jp/jces/kaisoku.html#3

日本体育科教育学会（2013）。日本体育科教育学会研究倫理綱領。取自http://jsppe.gr.jp/kaisoku02.html

日本社會教育学会（2012）。日本社會教育学会倫理宣言。取自http://www.jssace.jp/?action=common_download_main&upload_id=168

日本社會科教育学会（2016）。日本社會科教育学会倫理綱領。取自http://socialstudies.jp/ja/about_rinri_koryo.html

日本家庭科教育学会（2015）。日本家庭科教育学会倫理綱領。取自http://www.ja-hee.jp/pdf/kaisoku/rinri_youkou.pdf

日本特殊教育学会（2014）。一般社団法人日本特殊教育学会倫理綱領。茨城縣：作者。

日本高等教育学会（2012）。日本高等教育学会倫理規程。東京都：作者。

日本教育工学会（2015）。日本教育工学会倫理綱領。東京都：作者。

日本教育心理学会（2000）。日本教育心理学会倫理綱領。取自http://www.edupsych.jp/wordpress/assets/6379f1f99db32ddd2cb9f70826901188.pdf

日本環境教育学会（2012）。日本環境教育学会倫理規定。取自http://www.jsoee.jp/images/stories/about/code_ethics20120811.pdf

文部科学省（2014）。研究活動における不正行爲への対応等に関するガイドライン（案）概要。取自http://www.mext.go.jp/b_menu/shingi/gijyutu/gijyutu10/siryo/__icsFiles/afieldfile/2014/09/02/1350809_03.pdf

北海道教育大学（2015）。北海道教育大学研究倫理規則。取自http://www. hokkyo-dai.ac.jp/files/00001000/00001033/kenkyurinrikisoku.pdf

平石隆敏（2015）。研究倫理と研究対象者の保護。京都教育大学紀要，**126**，37-46。

田代志門（2011）。**研究倫理とは何か：臨床医学研究と生命倫理**。東京都：勁草書房。

佐佐木保行（2008）。教師教育における新しい職能開発の課題—教育・研究倫理の教育と文化—。**環太平洋大学研究紀要**，**1**，1-8。

佐佐木保行、秋田喜代美（2007）。保育学研究と倫理の問題。**保育学研究**，**45**(1)，70-78。

兵庫教育大学（2016）。**兵庫教育大学ヒトを対象とする研究に関する倫理規程**。http://web.hyogo-u.ac.jp/office/gen/kisoku/act/frame/frame110000134.htm

林雍智、葉芷嫻（2014）。日本教育類文書寫作格式評論及對APA之省思。**臺灣教育評論月刊**，**3**(3)，40-48。

科学技術振興機構（2016）。**研究公正ポータル**。取自http://www.jst.go.jp/kousei_p/outline_academic.html

神奈川大学（2015）。**研究倫理教育 コンプライアンス教育について**。取自http://www.kanagawa-u.ac.jp/research/policy/compliance/

斎藤芳子（2008）。米国における大学院生向け研究倫理教育コースの設計。名古屋高等教育研究，**8**，117-136。

二、英文部分

American Psychological Association [APA] (2010). *Ethical Principles of Psychologists and Code of Conduct.* Washinton, DC: Author.

American Educational Research Association [AERA] (2011). *Code of Ethics.* Retrieved from http://www.aera.net/Portals/38/docs/About_AERA/CodeOf Ethics(1).pdf

British Educational Research Association [BERA] (2011). *Ethical Guidelines for Educational Research.* Retrieved from https://www.bera.ac.uk/wp-content/uploads/2014/02/BERA-Ethical-Guidelines-2011.pdf?noredirect=1

Knapp, S., & Candecreek, K. (2002). *A Guide to the revision of the American psycholigical association's ethics code.* Sarasota, FL: Professional Resource Exchange.

McNamee, M. & Bridges, D. (Eds.). (2002). *The ethics of educational research.* Oxford, UK: Blackwell Publishing.

Whitley, B. E. & Keith-Spiegel, P. (2002). *Academic dishonesty: An educator's guide.* New York, NY: Psychology Press.

第九章

香港中小學教師進行教育研究之倫理困境及其改善策略

吳善揮

香港大學教育學院教育博士研究生

香港五育中學輔導組教師

一、引言

　　近年，全球各國都推動大型的教育改革，當中之主要目的，就是希望強化國內學生的基本能力，進而提升國家在全球的競爭力。事實上，教育當局不能夠忽略前線教師在教育改革過程中的作用，這是因為他們在改革的浪潮裡，擔當了課程研究及設計者之重要角色，若他們欠缺參與行動研究的動力，那麼一切的教育改革只會淪為空談的理想（謝寶梅，2003）。因此，教育局推動教師參與行動研究，以培養他們的研究能力，促進教師的專業成長，讓他們可以解決教學現場的實務問題，正好符合了當前教育改革之精神（高博銓，2009）。在這樣的背景下，香港教師及校長專業發展委員會（2003）也頒布了教師專業能力架構表，要求教師具備教學研究能力，當中的成果具體呈現於：教師對教育研究產生興趣、教師具能力進行學術性研究、教師能運用研究成果支援同儕、學校蘊含濃厚的學術風氣等，而這項措施正好回應了教育改革的需要。由此可見，香港教育局亦希望透過提升教師的研究能力，使他們能夠迎接教育改革所帶來的挑戰，從而使教育改革及其帶來的成果得以持續深化。

　　雖然香港教育局鼓勵教師進行教育研究，可是其卻忽略了當中的學術倫理問題。這是因為香港教育局並沒有隨之而頒布具體的教育研究指引，而學校內部也沒有相關的研究倫理指導，導致教師在進行教育研究時，未能夠按之來處理相關的倫理問題。筆者認為凡涉及學生的教育研究，相關的人員都需要向相關的倫理委員會提出申請，以確保教師遵守一定的倫理規範，一方面此項做法可以避免研究出現不道德的問題，而另一方面也可以保障參與研究的學生之應有權益，而最重要的，就是學校可以確保教育研究成果的品質。由是觀之，本文旨在說明教師進行教育研究之倫理守則、教師進行教育研究之倫理困境、以及相關的改善策略，以供香港教育局作為解決教師進行教育研究時所遇到的倫理困境之參考。

二、教師進行教育研究的倫理守則（眞、善、美）

綜合個人的教育研究經驗，筆者歸納出教師進行教育研究時，應該遵守的倫理守則，如下：

在進行教育研究時，教師應本著「眞」的精神，確保所蒐集之數據具有眞確性。在現今的中國社會，不少研究人員爲了提升自身的論文發表數量而進行學術造假，例如：僞造數據、抄襲他人的研究成果、重複發表已刊登的論文（自我抄襲），這些學術造假的行爲不但敗壞學術風氣，而且更會影響到國家的綜合競爭力（王有腔，2006）。事實上，若研究人員存有學術造假的行爲，將爲國家帶來嚴重的後果，包括：破壞學校科研風氣、降低學校的科研實力、影響教育事業的發展（李石勇、李銀霞，2011）。由此可見，教師在進行教育研究之時，必須具備實事求是、科學求眞的精神，絕不能爲了滿足校方的要求或個人需要，而僞造、竄改研究數據來達到目的，否則這樣便違背了教育研究的本意——提升學與教的眞實效益，而最重要的，就是若教師也未能夠以身作則，那麼師德便會蕩然無存，嚴重破壞了教師的專業形象，以及違背了社會對教師的信任。

在構思教育研究計畫時，教師應本著「善」的精神，以解決學生的學習困難、行爲問題爲研究目標。教師基本的職業道德，就是他們需要努力瞭解學童的需要，並爲虛弱的學生提供必要的協助，並給予學生應有的關愛（梁福鎭，2005）。另外，由於學校教育的成敗取決於教育行動是否正確，所以教師的一切行動必須依循教育倫理學之指引（梁福鎭，2003）。此外，在面對校內不同的挑戰時，教育人員須以多數人之利益作爲考量，即爲大多數的學生謀取最大之利益（蔡進雄，2009）。由是觀之，教師在制訂教育研究計畫之時，應本著「善」的教育精神，以提升學生的學習效能或改善學生的行爲問題爲唯一目標，並以之作爲檢驗教育研究計畫應否實施的標準，例如：研究規劃會否耽誤學生原來的學習？研究過程會否對學生造成負面的心理影響？研究計畫會否對學生造成人身安全問題？事實上，只要教師能夠以學生的利益作爲進行研究的優先考慮，那麼教育研究計畫便能夠做到以人爲本

的善念。

在撰寫研究論文或發表研究報告時，教師應本著「美」的精神，確保行文或匯報架構清晰可目，一方面以供讀者參考、複製及檢驗當中的研究成果，另一方面則可以促進同儕之間的專業交流。為了促進教學人員學習社群之專業發展，以及為學生建構良好的學習環境，教師應與同事分享不同的觀點、教學成果（香港教育人員專業操守議會，1995）。事實上，若參與行動研究的教師願意於課後時間分享自己的研究心得，並與其他科任教師進行專業對話，這不但能夠促進同儕之間的交流，而且更能夠帶動彼此之間的專業成長（張德銳、李俊達，2007）。由是觀之，與教育同仁分享研究成果是教育研究人員的應有之義，因此，教師應該透過撰寫或發表研究報告，把研究成果毫不保留、清晰地展現於讀者的眼前，一方面可以讓他們參考當中的成果來改善教與學的問題，而另一方面也可以促進教師之間的專業交流，讓研究者可以聆聽別人的意見來改進自己的研究，最終香港的整體教育品質便能夠因此而得以提升。

三、香港中、小學教師進行教育研究的倫理困境

筆者根據當前的文獻資料及自身的教學經驗，歸納出香港中、小學教師在進行教育研究時所遭遇的倫理困境，如下：

香港教育局未有制定教師進行教育研究的倫理守則。綜觀香港教育當局所頒布的重要教育文件，包括：《學校行政手冊》、《香港教育專業守則》、教育局發給學校的各種通函、教育法規等，均沒有具體地提及教師在進行教育研究時應該注意的事項。而在這樣的情況下，各級學校也沒有設置具體的教育研究指引，以指導校內教師如何在符合規範的情況下進行教育研究。事實上，在欠缺教育局的教育研究倫理指引下，教師都難以自行衡量研究計畫的內容是否在學術倫理方面存有不妥當的地方，例如：處理學生隱私的措施、蒐集及運用研究數據等。同時，他們亦可能面臨違反香港法規而不自知的風險，故此大部分香港教師都對開展行動研究變得卻步。而最重要的，就是中、小學的管理人員也不知道如何可以在恪守倫理要求之下運用研究數據來改善教學。因

此，筆者認爲這都不利於推動中、小學進行教育研究活動。

　　香港的校長及行政人員欠缺審核教育研究計畫倫理問題的能力。參考大學機構的做法，研究人員所進行的研究課題及計畫，均須經過學術倫理委員會的審查，以確保研究計畫符合倫理守則的要求。而學術倫理委員會的成員則由相關領域的專家（包括：校外、校內委員）所組成，以對研究計畫進行專業的學術倫理審查。可是，承上段所言，香港教育局並沒有於中、小學設置相關的法規及做法。而根據筆者的經驗及瞭解，若中、小學教師打算於學校進行教學研究（一般是爲了完成教育文憑或碩士課程的研究報告），他們只需要向校長提出申請，並由校長作出簡單批核即可。事實上，筆者認爲雖然中、小學的研究審查並不需要像大學那般嚴格，以免打擊到教師進行教育研究的意欲，可是教師的研究計畫至少須經過校內的專業審查，以讓教師可以得到不同的專業意見，避免研究計畫出現學術倫理問題，例如：研究計畫未能配合中央課程的規劃、研究計畫侵犯學生隱私、研究計畫加劇了學生之間的學習差異等。然而，香港大部分中、小學校長及相關的行政人員均未有接受過學術倫理審查的訓練，而他們也不是每一個人都曾經接受過以教育研究訓練爲本的碩士或博士課程的教育，故未必能夠有效地爲進行教育研究的教師提供專業的學術意見，又或指導他們解決研究過程中所遭遇到的學術倫理問題。

　　香港教師缺乏足夠的行動研究能力。雖然香港教育局希望能夠提升中、小學教師的研究能力，可是卻未有推出具體的措施培育教師的教研能力。綜觀現行的措施，只有香港教師中心（香港教育局主辦）所推行的教師研究獎勵計畫，是與推動教師參與教研活動相關。然而，由於香港教師中心的資源有限，所以並非所有教師所提交的研究計畫都會獲得接納，這自然打擊到初次遞交申請而失敗的教師對進行行動研究之動機。而最重要的，就是此項計畫並沒有爲參加者提供有系統之行動研究培訓，只爲他們舉辦一次爲時三十分鐘的面談（教師中心派出研究小組成員爲參加者提供實施研究計畫的意見），這對於提升參加者的教研能力未必有很大的幫助。由此可見，筆者認爲若要提升教師應有的學術倫理意識，教育局便必須先投放充足的資源，爲全體香港教師提供具系統

性的教育研究訓練，讓他們瞭解在進行教育研究時可能遭遇到的學術倫理問題。同時，教育局不應只爲通過研究計畫審查的教師提供支援，而忽略有志發展教研能力之教師在提升學術倫理意識方面的需要。

四、香港中、小學教師進行教育研究的倫理困境之改善策略

(一) 設置研究倫理指引

在欠缺教育局指引的情況下，中、小學校長難以引領教師實施符合倫理規範的教育研究計畫。因此，筆者建議香港教育局於《學校行政手冊》中加入研究倫理守則的部分，例如：訪談實施倫理守則、研究數據蒐集及運用守則等，以讓校長在制訂或審查研究計畫之時可以有法可依。同時，香港教育局也可以在附件部分，加入不同的學術倫理文件範本，例如：學生家長同意書（同意孩子參與研究）、教師聲明書（聲明恪守倫理守則規範）等，以供進行教育研究的教師作爲參考。筆者相信此項做法能夠有效地協助中、小學的教學人員遵守應有的研究倫理規範。

(二) 加強師資培訓

教師欠缺研究的專業知識也使他們難以處理研究的倫理問題。因此，筆者建議香港教育局與各所大學的教育學系合作，爲教師舉辦專業的教育研究證書課程，課程內容包括：論文寫作架構、量化及質性研究方法、研究倫理、研究新趨勢（以學科爲本）等。在課程完結後，教師須於校內進行一個小型的行動研究，並撰寫及呈交簡短的研究報告，以供教育局檢視他們的學習成果。表現良好、研究報告通過審查者可獲頒授畢業證書，而其論文亦可獲集結成論文集作刊登。筆者相信這項做法能夠提升教師的研究能力及素養，進而減少教師進行研究時所遇到的倫理問題。

(三) 成立校內教育研究委員會

在欠缺中央統籌的情況下，學校難以有系統地推動校內教師進行具成效的教育研究，即無法保證教師所進行的教育研究符合倫理要求。因此，筆者建議中、小學校長於校內成立教育研究委員會，當中的成員包括：校長、副校長、教務主任，以及各學習領域領導人。這個委員會的主要職能在於制定科本研究計畫、為教師提供教研培訓、舉辦同儕研究成果發表會、監察各項研究計畫的實施、審查研究計畫申請等。筆者相信只要學校能夠統籌全校的教研事務，指導教師團隊進行有系統的校本研究，那麼校內教師便能夠形成專業學習社群，並就教學研究的不同議題進行交流，那麼在集思廣益之下，學校便能夠確保研究方案符合倫理規範，並使學生從研究的過程中受益。

(四) 設置中、小學微型研究基金

雖然香港政府設置了優質教育基金供大、中、小學申請，以推動校內教師進行不同範疇的教育研究，可是由於申請金額較高、程序繁複、要求極高，導致每年的申請個案數量極少。因此，筆者建議香港教育局可以另外設置小型研究基金，當中補助金額的上限為一萬港元，並簡化申請程序，以提升學校或教師申請的動機。微型研究基金正好為香港教師提供開展正規研究的機會，讓他們得以依循基金的專業要求及建議而逐步施行自身的研究計畫，並達到「做中學」的目標，使他們深入地掌握到進行教學研究的學術規範。筆者相信教師在累積小型研究的實踐經驗後，他們定必可以加強自身的教研能力，以及學術倫理意識，這對他們往後撰寫研究計畫書、申請較大型的研究基金、實施符合倫理規範的教育研究有著重要的幫助。

(五) 推動大學科研機構聯合各級學校進行教育研究

現時大部分中、小學的教師都欠缺實施教育研究的知識及經驗，因

此筆者建議香港教育局推動大學機構與中、小學進行協作研究，由大學派出教授或專家學者支援中、小學教師進行專題研究。當中，大學教授能夠指導參與研究的教師設計並實施研究計畫（確保課題對學生的學習或成長具有助益）、分析不同的研究數據（以免數據分析流於主觀判斷）、撰寫符合學術要求的論文報告（確保論文內容能夠客觀地呈現學術成果）等。筆者相信在大學機構的專業支援下，中、小學定必能夠在既定的框架下實施具成效的教育研究，而教師團隊也定必能夠從中得到專業發展的機會，包括：提升教研能力、增進研究素養，以及強化學術倫理意識。

五、總結

最後，教育研究之最終目的在於改善學生的學習或行為問題，只要教師能夠按照學術倫理的規範進行教育研究，那麼當中所取得的成果定必能夠為教育品質之改善帶來正面的影響。因此，筆者期待香港教育局能夠設置中、小學教育研究指引，並落實一系列相關的措施，以引導教師走上教育研究的正確道途，並成為專業的教育研究工作者。

參考文獻

王有腔（2006）。對學術造假現象的反思。**中國醫學倫理學**，**19**(2)，29-31。

香港教師及校長專業發展委員會（2003）。**學習的專業／專業的學習：教師專業能力理念架構及教師持續專業發展**。香港：作者。

香港教育人員專業操守議會（1995）。**香港教育專業守則**。香港：作者。

高博銓（2009）。教師行動研究的問題與展望。**中等教育**，**60**(2)，32-46。

謝寶梅（2003）。臺灣教師參與行動研究之趨勢與評析。**教育資料集刊：教師專業發展專輯**，**28**，389-405。

梁福鎮（2005）。教師專業倫理內涵與養成途徑之探究。**教育科學期刊**，**5**(2)，61-77。

梁福鎮（2003）。師資培育與職業倫理：教育倫理學觀點的分析。**教育科學期刊**，**3**(2)，138-152。

李石勇、李銀霞（2011）。學術造假的表現、性質及法制化治理。**華南理工大學學報（社會科學版）**，**13**(8)，135-138。

蔡進雄（2009）。國民中學校長經常面臨的行政倫理議題與倫理決定之研究。**國民教育研究學報**，**23**，1-30。

張德銳、李俊達（2007）。教育行動研究及其對國小教師教學省思影響之研究。**臺北市立教育大學學報**，**38**(1)，33-66。

第十章

國立臺灣師範大學研究倫理審查實證分析：以104-105年臺師大受理案件爲例[1]

李思賢

國立臺灣師範大學健康促進與衛生教育學系特聘教授兼研究倫理審查委員會主任委員

黃懷蒂

國立臺灣師範大學研究倫理審查委員會執行祕書

盧萱

國立臺灣師範大學研究倫理中心專員

鍾志從

國立臺灣師範大學人類發展與家庭學系副教授兼研究倫理中心主任[2]

1 本文感謝國立臺灣師範大學研究發展處、研究倫理中心、研究倫理審查委員會對於國際交流
   觀摩研習的資源挹注,及常春藤聯盟賓州大學研究倫理審查會(University of Pennsylvania's
   Institutional Review Board, UPenn IRB)的經驗分享。

2 通訊作者,臺北市10610大安區和平東路一段162號國立臺灣師範大學研究倫理中心,電話:
   02-7734-1451;E-mail: t10020@ntnu.edu.tw

一、前言

從紐倫堡公約（The Nuremberg Code）、貝爾蒙特報告（The Belmont report）到赫爾辛基宣言（Declaration of Helsinki），強調以人為基礎的研究必須立基在人性（Humanity）與保障人權（Human Rights）之上。轉換到研究倫理上，為了保護研究參與者及協助研究者能與國際學術研究準則接軌，科技部2009年起徵求研究倫理治理架構建置計畫，將科技部人文司補助的專題研究計畫納入研究倫理審查；2011年臺灣《人體研究法》經總統公布施行，全面規範人體研究計畫需經過研究倫理審查委員會審查。

相對於國內醫療與衛生之生醫領域的研究倫理審查經驗，非醫藥衛生之大專院校裡的研究計畫倫理審查實務近幾年才剛起步（邱文聰、莊惠凱，2010；莊惠凱、邱文聰，2010；鄭麗珍、朱家嶠，2010）；國立臺灣師範大學研究倫理審查委員會自2013年底設立，2015年通過教育部評鑑查核後，開始受理研究倫理審查案件；2016年再次通過教育部評鑑查核，持續為該校及國內各研究單位提供審查服務。自2015年1月起至2016年10月初，該倫審會共受理216案件。本文將以這216審查案的審查實務經驗做初步的實證分析，盼能提供中央主管機關、大專院校研究倫理審查委員會，及國內關心人文與社會科學研究倫理審查領域者參考，希冀作為國內發展研究倫理審查的借鏡。

二、臺師大研究倫理審查案件實證分析

本研究統計之案件為國立臺灣師範大學（簡稱臺師大）研究倫理審查委員會（以下稱該校倫審會）受理案件，統計區間自2015年1月起至2016年10月7日止，歷時一年十個月許，案件總數共216件，其中2015年計96件，2016年至統計期間計約120件。初步資料如下：

(一) 人類研究較人體研究多

依《人體研究法》規範，「人體研究」案件應通過審查後始得實

施[3]，該校自成立倫審會後亦透過辦理倫理講習加強宣導。「非屬人體研究」之「人文科學」及「行爲科學」等「人類研究」案件，則不受《人體研究法》限制[4]。然依《科技部補助專題研究計畫作業要點》，科技部人文司補助計畫若涉及以個人或群體爲對象、使用介入、互動之方法，或使用可辨識個資的研究，應提交研究倫理審查相關文件[5]。依該校倫審會受理之案件屬性，非人體研究案件數量較人體研究案件多，占2015年總案件比例61.46%，2016年則是65.83%，該校倫審會受理的案件六成以上是非人體研究的人文社會科學領域，且有逐漸增加的趨勢（如表1）。主要原因應爲該校各院科系所與各學術中心的研究屬性，以人文與社會科學爲主，並非醫藥相關之人體研究。

(二) 機構外委託審查案件遞增

臺師大倫審會除依《人體研究法》規定審查校內案件[6]，並善盡監督管理之職責外，亦受理校外沒有設立倫審會之其他研究機構委託審查計畫案[7]。各機構與該校簽訂審查委託協議後，即可將案件送至該校倫審會審查。由統計資料看來，該校審查的案件以校內案件爲大宗，校外委託審查案件數則有逐漸增加趨勢。校外委託該校倫審會的案件從2015年9件增長到2016年25件，亦即校外案件量增加2.78倍（如表1）。我們推測是國內要設立倫審會需要專業、財源與人力，因此各大專院校能單獨設立倫審會之機構不多，但因受科技部與國家經費補助之研究計畫有送審需求，而將案件委託臺師大倫審會審查。

---

[3]　《人體研究法》第5條。

[4]　衛福部（101）衛署醫字第1010064538號函。

[5]　《科技部補助專題研究計畫作業要點》第11條第4款。

[6]　《人體研究法》第5條第2項。

[7]　《人體研究法》第5條第2項、第9條。

(三) 教育領域屬性審查案件比例近半

若將該校倫審會受理的案件依研究領域區分為教育與非教育領域時，發現教育領域案件將近五成，2015與2016年分別為45.83%與49.17%，案件量也有增加趨勢（如表1）。就統計資料及審查實務觀察，除了臺師大以教育相關領域研究較多，國內教育領域的研究機構計畫主持人也將研究計畫委託該校審查。此亦顯示該校倫審會逐漸累積且發展的審查領域包含教育領域。

(四) 人體研究與人類研究的審查風險類別分析

依《人體研究法》及衛生福利部相關規範，研究倫理審查依案件風險程度，分屬不同的審查類別[8]，其為得免審查[9]、簡易審查[10]，及一般

表1 臺師大研究倫理審查案件分布分析表

類別	總數	2015年		2016年	
總案件數	216	96	100.00%	120	100.00%
案件屬性					
人體研究	78	37	38.54%	41	34.17%
非人體研究	138	59	61.46%	79	65.83%
機構屬性					
機構內	182	87	90.63%	95	79.17%
機構外	34	9	9.38%	25	20.83%
教育領域案件					
教育領域	103	44	45.83%	59	49.17%
非教育領域	113	52	54.17%	61	50.83%

---

[8]　《人體研究法》第8條。

[9]　《人體研究法》第5條第1項後段；衛福部（101）衛署醫字第1010265075號函。

[10]　《人體研究法》第8條；衛福部（101）衛署醫字第1010265098號函。

程序審查[11]。但該校倫審會的案件因包含人體研究與非人體研究案，依標準作業程序，簡易審查改稱「微小風險審查」[12]，一般程序審查改稱為「一般審查」。另有些案件因特殊原因需呈送倫審會，由委員共同決議審查結果，故亦稱為「全委員會一般審查」）。

　　就人體研究法規範精神及原則，得免審查是鑑於此類案件的風險最低，對於研究參與者的影響幾近於零；微小風險（或簡易審查）指該研究對參與者可能引發的風險，不高於日常生活遭遇或例行醫療處置。另不符合得免審查、簡易審查範圍的案件，或因議題較為特殊，由倫審會討論後形成共識決，使審查結果較為妥適者，則為全委員會一般程序審查（或稱一般審查、全委員會一般審查）。除人體研究案件遵循以上規範，科技部亦訂有非屬人體研究的人文與行為社會科學案件免送審查的規範[13]。

　　分析近兩年來該校倫審會受理之216案件的風險類別比例，免除審查案件比例為7.87%、微小風險審查比例為79.63%、全委員會一般審查案件比例為12.5%（如圖1）。總體而言，該校倫審會受理審查的案件中，有高達八成的研究屬於免除審查或簡易（微小風險）案件。

　　若進一步再區分人體研究案及非人體研究案，人體研究案件免除審查比例占6.41%、簡易審查占70.51%、全委員會一般審查為23.08%。對比總體案件數，人體研究案件屬全委員會一般審查的比例高出許多；相對的，免除審查和微小風險審查的比例較整體低（如表2）。從研究性質的角度出發，因人體研究案件為「指從事取得、調查、分析、運用人體檢體或個人之生物行為、生理、心理、遺傳、醫學等有關資訊之研究」[14]，其中部分為具有侵入性的研究，風險較非人體研究的

11　《國立臺灣師範大學研究倫理審查委員會一般審查程序書》，編號「REC-SOP07」，版本3.0，105年3月18日。參考網址http://140.122.64.63/7page2/archive.php?class=7202。

12　《國立臺灣師範大學研究倫理審查委員會微小風險審查程序書》，編號「REC-SOP08」，版本2.1，104年11月27日。參考網址http://140.122.64.63/7page2/archive.php?class=7202。

13　科技部（104）科部文字第1040003540號函。

14　《人體研究法》第4條。

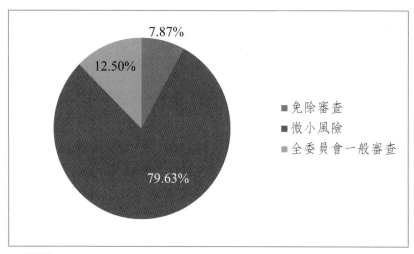

圖1　臺師大倫審會2015-2016年受理216案件的風險類別總比例

表2　臺師大研究倫理審查總案件風險分類分析表

風險類別	人體研究		非人體研究	
	總數n	比例%	總數n	比例%
免除審查	5	6.41%	12	8.70%
微小風險審查（簡易審查）*	55	70.51%	117	84.78%
全委員會一般審查**	18	23.08%	9	6.52%
總數	78	100.00%	138	100.00%

註：* $p<.05.$ ** $p<.01.$

人文與行為社會科學研究高。且該校倫審會依法應遵照衛生福利部公告的「得免審查」、「簡易審查」範圍辦理審查，人體研究案件必須符合函釋定義，始得判斷為免除審查及簡易審查案件，其他案件則需進行一般審查程序，故人體研究提送全委員會一般審查的比例偏高。

在非屬人體研究之人類研究部分，從表2顯示免除審查、微小風險審查、一般審查案件比例則分別為8.7%、84.78%與6.52%。超過八成的風險類別是微小風險。非人體研究案件中，微小風險審查案件、免除審查案件比例皆較人體研究高。卡方交叉檢定（Chi-square Test）分析

的結果發現「人體研究和非人體研究」在審查風險類別有顯著的差距
（$p<.05$）。進一步的分析發現，最顯著的差異是在全委員會一般審查
類別（$p<.01$）；其次為微小風險審查（簡易審查）類別（$p<.05$）；而
在免除審查的案件比率則沒有顯著性差異。可見該校倫審會的案件審查
經驗中，非人體研究案件的風險較人體研究小。免除審查部分，則因現
行科技部的免除審查規範是非人體研究判斷的依據，而科技部係參考衛
福部的規範訂定，條件幾乎雷同所致。

　　參照美國賓州大學倫審會的資料[15]，其在歸類行為與社會科學研
究（Social and Behavioral Research, SBR）的1,372件年度受理審查案
中，免除審查（Exempt）案件占了11.37%、簡易審查（Expedited）比
例為84.18%、一般審查案件（Full Board Review）比例約為4%。雖然
美國規範對於免除審查的詳細定義與臺灣不同，然「微小風險（Mini-
mal Risk）」判斷的原則同樣是「不高於日常生活遭遇的風險」[16]。臺
師大和賓州大學的審查中，微小風險審查的比例十分類似，可作為社會
與行為科學研究案件在風險制度設計上的重要參考。

　　另一方面，人類研究的免除審查判斷，國內各大專院校倫審會多參
考科技部公告的免送定義為判準[17]。現行科技部免送審查範圍是參考了
衛福部免除審查定義，是採嚴格風險評估；相較之下，美國對於免除審
查的定義較為彈性，並不如臺灣規範中，只要「涉及以易受傷害族群為
研究對象」即不符合免除審查。相反地，例如：以未成年人、懷孕婦女
等易受傷害族群為對象的案件，亦可為免除審查案件。由於教育領域之
研究對象，主要是以學校學生為主，學生又以未成年人（20歲以下）
最多，依公告規定不符合得免審判準，因此賓州大學免除審查案件比例
較臺師大高。其實在教育領域研究中，有許多是對學生進行教學現場觀

---

[15] 此為臺師大倫審會執行祕書於2016年6月訪問美國賓州大學研究倫理審查會獲得之數據。

[16] 參考美國聯邦法規U.S. 45CFR46，§46.102(i)，及美國賓州大學研究倫理審查會標準作業程
序University of Pennsylvania Institutional Review Board Standard Operating Procedures (SOPs)，
Version 8.1，2016年5月2日版本。

[17] 科技部（104）科部文字第1040003540號函。

察與教學成效的評量，其風險非常微小，但因爲涉及未成年人，即使是大學生，只要未滿20歲也不能給予免除審查；未來建議主管機關能夠接受美國做法，讓倫審會有彈性判準的空間。

(五) 免審、微小風險審查案轉送呈現降低趨勢

　　基於衛福部公告的免除審查、簡易審查範圍，及科技部的免送審查規範，未能符合定義範圍的案件，或者經免審核判、微小風險／簡易審查程序後，有較爲複雜、特殊的議題，由審查委員認定以另一風險類別審查程序較爲合適者，將經歷「轉送風險類別」的程序。該校倫審會二年來轉送的案件比例分析如圖2，在2015年有69%的免除審查案件被轉送到其他類別（含微小風險審查及一般審查），2016年則降低爲59%。另微小風險審查案件被轉送到一般審查的比例，在2015年及2016年分別爲5%及2%。

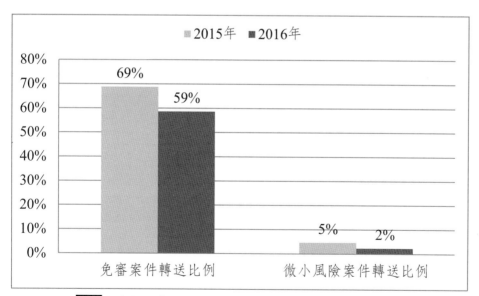

圖2　臺師大倫審會申請案件經核判後轉送其他風險類別比例

我們探究可能的原因有二：一為計畫主持人對免審等定義的理解，在初次送審時較模糊，在經歷一次送審與學習後已較理解，故次年在申請時的審查判斷上較為精確；二為研究倫理審查服務費用金額落差大的影響，由於免除審查無需送交委員或審查會程序審查，審查服務費用金額較低，部分申請審查的計畫主持人為了降低審查費支出，希望嘗試以免除審查先送審核，若經核判未符免審條件，再轉送至其他類別。另一方面，微小風險／簡易審查轉送的比例比免除審查低很多，原因為大部分社會與行為科學領域的案件性質，確實符合簡易審查的定義，或在微小風險審查的類別即可完成研究倫理議題的探討，並找到保護研究參與者的平衡點，故實際上審查委員建議轉送全委員會一般審查的案件並不多。

此外，我們希望釐清一個重要卻常常被申請人誤會的議題，即「案件轉送」包含了「前一階段審查」及「轉送後的審查」的審查時間，例如：以「免除審查轉送至微小風險審查」的案件為說明，其中包括了免除審查核判程序、主持人回覆同意轉送、微小風險審查委員初審、主持人回覆初審意見、委員複審、主持人回覆複審意見，直至複審通過發予核可證明為止。故若計畫主持人在申請審查的一開始能夠清楚本身案件的審查類別，將可減少審查程序的時間。臺師大研究倫理中心提供諮詢服務，建議審查前可先諮詢，確認審查性質、風險類別，需準備的文件等，可減少案件轉送多花費的時間。

(六) 審查案件量以4-5月及12月為高峰期

審查業務量是每個大專院校倫審會需面對的實際議題。近二年來臺師大受理的案件數量，2015年4-5月與12月為案件送審高峰期；2016年申請審查高峰亦出現在4-6月（尚未有2016年11-12月資料）。依2015年3月9日修正公布之《科技部補助專題研究計畫作業要點》，人文及社會科學研究發展司專題研究計畫涉及人類研究者，「應於申請時提交已送人類研究倫理審查之證明文件；未能於申請時提交者，應於計畫執行前補齊」；同要點並於2015年10月修正公告，改以研究計畫「應於計

畫執行前繳交已送研究倫理審查之證明文件。」2016年亦維持同樣規定。參照審查高峰期時間點，適逢每年4-6月為學術審查複審階段，計畫主持人需送審查，以期符合計畫執行前繳交研究倫理審查證明文件的規範，正好符合該校倫審會資料，送審高峰在4-6月。

此一審查業務量趨勢可提供大專院校倫審會及研究倫理中心作為年度安排教育訓練課程，以及人力資源調度、各類行事規劃的依據，以提供更有效率的服務。亦可提供中央主管機關安排依法定期查核人體研究倫審會時的參考，若蒙主管機關允許在審查案件高峰期之外安排查核，各大學倫審會及研究倫理中心必能有較完整的時間全力配合並學習改進，亦能幫助倫審會在高峰期階段盡力協助計畫主持人完成研究倫理審查。

三、討論與建議：研究倫理審查的經驗累積與努力

臺師大倫審會近兩年來的審查及執行經驗，提供了校內外許多研究團隊瞭解研究倫理規範及相關議題的窗口，透過審查諮詢幫助了超過1,100次以上的審查疑問與困難。該校倫審會發現在申請審查時，最大宗的諮詢議題是案件風險類別的判斷；其次為人體研究案件與非人體研

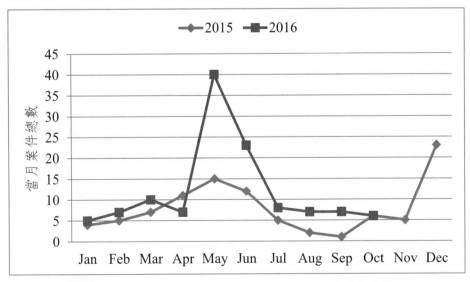

圖3　臺師大倫審會2015-2016年每月申請審查案件數趨勢圖

究的案件屬性判定，即「我的研究是否應申請研究倫理審查？」；再者為知情同意與程序的疑問，包含同意書的設計、是否能免除簽署知情同意書、可否免除整個知情同意程序、需要取得誰的同意，和是否能免除學生家長（法定代理人的同意）等問題；也有許多關心研究倫理教育訓練與講習。2016年起，該校倫審會開始陸續辦理審查案件的後續追蹤，故前來諮詢及關心變更、持續、結案等程序者逐漸增多。藉由審查諮詢服務也發現臺師大校內，及研究倫理審查的各研究團隊逐漸學習及熟悉的過程，因此我們建議仍應繼續推動研究倫理講座，並且透過審查教育各研究團隊。

　　研究倫理審查實務遭遇的困難，可分成二部分。其一來自於審查案件應依現有規範進行，而現行規範有些卻在適用上有值得檢討的窒礙。例如：1.人體研究與非屬人體研究範圍的區分，雖人體研究法對於人體研究有明文定義，衛福部亦函釋人文及社會行為科學的研究非屬人體研究範圍，然許多研究的屬性較為模糊，諸如：體育學、心理學的研究，其可能涉及生理或心理、行為數據量測，卻不如取得較高風險的遺傳或醫學資訊研究，此類案件應屬人體研究或非人體研究，是一困難。2.占臺師大審查案件比例近半的教育領域研究，其中許多案件的研究風險應可符合衛福部函釋中的最低風險，卻因研究對象涉及未滿20歲之未成年人，該校倫審會須依現行衛福部及科技部函釋的免審條件，予以微小風險審查（簡易審查）程序，將加添計畫團隊與倫審會的時間與成本。另一個困難則來自於倫審會的設立及運作，常需奠基於經費自給自足的基礎，然當運作成本化為案件審查費時，會造成申請者的財務壓力，特別是未獲得經費挹注的案件，如研究者自行發起、碩博士論文等。在維持倫審會穩定運作與盡最大努力協助研究計畫符合倫理原則，倫審會處於財務艱難與研究者費用負擔雙重壓力。

　　透過臺師大倫審會的資料，可以看見臺師大身為研究型大學，為致力學術研究發展，及協助研究團隊保護研究參與者的努力；也可看見該校倫審會在教育領域中逐漸發展的審查特色與專業。大專院校內倫審會的設置雖近年才起始，仍有許多審查議題和困難需要學習與克服，但點點積累的經驗慢慢豐富，也為臺灣人文、行為與社會科學的研究倫理討

論，及大學校內的保護參與者機制帶來重要的啓發。大學裡出色的學術研究，需要好的保護研究參與者機制協助，尤其研究倫理當中包含需要高度討論與彈性的議題，審查更需要研究團隊與倫審會相互合作。

參考文獻

一、中文部分

人體研究法（100年12月28日）。

邱文聰、莊惠凱（2010）。建置當代人類研究倫理的治理架構：一個反身凝視的契機。人文與社會科學簡訊，**12**(1)，33-39。

邱文聰、陳東升（2010）。美國大學校院內的人類研究保護計畫──赴美加進行研究倫理委員會實地訪問簡介。人文與社科學簡訊，**11**(2)，92-97。

科技部補助專題研究計畫作業要點（104年3月9日）、（104年10月15日）、（104年3月11日）。

莊惠凱、邱文聰（2010）。臺灣人類研究倫理治理架構之推動。人文與社會科學簡訊，**12**(1)，4-9。

鄭麗珍、朱家嶠（2010）。建置行爲及社會科學研究倫理審查治理架構：國立臺灣大學的執行經驗。人文與社會科學簡訊，**12**(1)，26-32。

二、英文部分

United States Congress "Code of Federal Regulations Title 45 Code of Federal Regulations Part 46" (Revised 2009), U.S. Department of Health & Human Services. Retrieved from http://www.hhs.gov/ohrp/regulations-and-policy/regulations/45-cfr-46/index.html

University of Pennsylvania, Institutional Review Board Standard Operating Procedures (SOPs), Version 8.1, Dated 5.2.16. Retrieved from http://www.upenn.edu/IRB/mission-institutional-review-board-irb/irb-policies

第十一章

教育研究倫理審查內容
之分析：以兩所大學爲例

謝金枝

澳門大學教育學院助理教授

一、前言

「研究」是高等院校的重要任務之一。尤其在世界大學排名及全球競爭的催化下，「研究」的成果更受重視。然而，研究常涉及人與人之間的利益議題，為了避免受試者因參與研究而受到傷害，研究倫理議題的處理已成為開展研究的必要條件。國內的研究倫理建構起步較晚，到「98-101年國家科學技術發展計畫」才明訂政府應鼓勵大學及研究機構成立「研究倫理委員會」（Institutional Review Board, IRB），於2010年間陸續補助臺灣大學、成功大學與中國醫藥學院，建立校級研究倫理委員會（Research Ethics Committee, REC）（邱文聰、莊惠凱，2010），並於2013年底正式推動階段性研究倫理審查（鄭育萍，2015）。反觀歐美國家的研究倫理審查制度已實施多年，其經驗值得國內大學借鏡。

人體研究因為研究目的的不同，可分為侵入性的生物醫學研究及非侵入性的社會、行為科學研究兩大方式（戴正德、李明濱，2011），也各自有不同的研究倫理考量。本文所探討的教育研究倫理是屬於社會、行為科學研究倫理的一環，非專指教育領域的研究倫理規範，旨在藉由分析兩所大學——佛林德斯大學（Flinders University）及馬爾他大學（University of Malta）的研究倫理審查內容，歸納結論並提出建議，作為國內大學參考。

二、背景

本文的分析對象是澳洲的佛林德斯大學（Flinders University）及歐洲的馬爾他大學（University of Malta）。選擇這兩所學校是因為它們曾經是筆者在2014年進行大學生學習評量國際調查的預定施測學校，透過兩所大學各一位教授的指引，接觸了兩校的教育研究倫理審查內容，也發現申請表內容各具特色，值得借鏡。更重要的是，這兩所大學的研究倫理審查申請表格是任何人都可從大學官網取得的，以它們作為分析的案例，可以避免研究倫理的爭議。

筆者在2014年所進行的調查研究對象包含數個國家、地區的大學

（歐洲、美國及兩岸四地）。由於許多國內外學者的協助，讓筆者獲得許多國際研究的經驗。限於篇幅，不在此談論研究細節。但值得一提的是，在取得各校的施測同意時，筆者對研究倫理審查的實務有以下的發現：

(一) 研究倫理審查制度

有些大學並沒有設立研究倫理的審查機制；有些大學雖然有審查機制，但在瞭解調查問卷的形式、性質、內容及施測方式之後，即告知筆者不需要走研究倫理的審查流程；有些學校則要求一定要走完研究倫理審查的歷程且批准後才能施測。

(二) 申請表的取得及提出

有些大學只有校內人員能取得申請表；有些大學是公布在官網上，任何人都可以自由下載，但只有校內人員可以提出申請。

(三) 申請表的內容

有些要求詳細訊息，表格頁數多達20頁而且項目多達40項以上；有些則較簡潔，只有7頁，10幾個項目。此外，有些表格包含境內境外合作研究者的訊息，有些並沒有特別列出來。

基於上述的經驗，筆者對研究倫理審查到底應該涵蓋哪些內容產生探究的興趣，希望能藉由進一步的分析得到一些啟發。雖然筆者在2014年的研究中有多個學校皆經歷研究倫理審查的過程，但因為其中有些學校的審查表格只有校內人士才能取得提出申請，基於研究倫理的考量，這些學校不列入本文分析，只以其中兩所可公開取得研究倫理審查表格的大學為對象，希望能從兩個案例中獲得啟發，提供國內大學制定或調整教育研究倫理審查制度的參考。

三、分析方法

　　本文的案例分析做法，首先從佛林德斯大學（Flinders University，以下簡稱佛大）的網站下載「以人爲對象的社會或行爲研究倫理審查申請表」（application for ethical approval of social or behavioural research involving human participants）（Flinders University, 2016），再下載馬爾他大學（University of Malta，以下簡稱馬大）適用學術人員的「以人爲對象的研究審查需求表」（request for approval of human subjects research – academic staff）（University of Malta, 2016），然後把兩所大學的申請表翻譯成中文，進行結構與組成及研究倫理內容的原則分析。結構與組成包括申請表的標題、內容結構、頁數、語言、申請人資格及是否納入其他大學的合作研究人員訊息等。內容分析是依據貝爾蒙特報告（Belmont Report）中的「尊重個體」（Respect for persons）、「福祉」（Beneficence）及「公平正義」（Justice）三項原則（deLanda, 2009）來檢視兩所大學的具體研究倫理內容。雖然紐倫堡法典（Nuremberg Code）、赫爾辛基宣言（Declaration of Helsinki）及貝爾蒙特報告（Belmont Report）都是人體試驗研究倫理的重要基礎（戴正德、李明濱，2011），但紐倫堡法典（Nuremberg Code）指出10項原則（Shuster, 1997），2013年版的赫爾辛基宣言（Declaration of Helsinki）包含37個條文（World Medical Association, 2013），若作爲本文的案例分析依據，可能有些繁雜。再者，貝爾蒙特報告（Belmont Report）所提的三個原則可說是研究倫理的根本原則（戴正德、李明濱，2011），除了說明每項原則的內涵之外，也有實際的應用（deLanda, 2009）（如表1），較簡潔且容易掌握，適合作爲本文的分析依據。

表1 貝爾蒙特報告的三項人體研究根本原則

原則	內涵	應用
尊重個體 Respect for persons	1. 視人為獨立自主的個體（treat people as autonomous） 2. 保護弱勢族群（protect those who have diminished autonomy）	知情同意（informed consent） ・取得及文件提供（obtain and document） ・自願性／非強迫（voluntariness/no coercion） ・保護隱私（protect privacy）
福祉 Beneficence	1. 免於傷害（do no harm） 2. 增進利益及降低風險（maximize benefits /minimize risks） 3. 非憐憫或慈善行為而是具體的責任義務（not an act of kindness or charity, but a concrete obligation）	風險／利益（Risks/Benefits） ・程序沒有或低風險（procedures w/least risk） ・風險相較於利益應合理（risks reasonable in relation to benefits） ・保密（maintain confidentiality）
公平正義 Justice	利益與責任的分配原則（distribution of both benefit and burden） ・每個人獲得相等的部分（everyone gets an equal share） ・根據需求來分配（distribution according to need） ・根據個人的努力（according to individual effort） ・根據社會的貢獻（according to societal contribution） ・根據價值（according to merit）	參與研究（enrollment） ・公平地選取參與者（select participants equitably） ・避免利用弱勢族群（avoid exploitation of vulnerable populations）

資料來源：deLanda, B.(2009). *The Belmont Report: History, principles and application.*

四、案例

　　本文以佛大及馬大的研究倫理審查申請表爲分析案例，先進行結構與組成的分析；再以「對人尊重」、「福祉」、及「公平正義」原則將申請表的具體研究倫理內容項目（去除非關研究倫理的資訊）分別編碼歸類。結構與組成的分析結果如表2，具體研究倫理內容分析結果如表3。限於篇幅，本文未呈現原始申請表全貌，若讀者有興趣，可以由參考文獻中的網址來查找。

表2 研究倫理審查申請表之「結構與組成」分析

校名 面向	佛大	馬大
申請表標題	「以人為對象的社會或行為研究倫理審查申請表」（Application for ethical approval of social or behavioural research involving human participants）	「以人為對象的研究審查需求表—學術人員」（Request for approval of human subjects research – academic staff）
內容結構	1.填表提醒 2.計畫標題及時間表 3.研究人員／指導教授訊息（計畫主持人、其他研究人員） 4.研究計畫細節 5.參與者訊息 6.在海外進行的研究 7.具體的研究倫理 8.其他事項（包括附件檢核表） 9.保證與簽名	1.申請表及附帶文件檢核表 2.行政用註記（收件日期、院級及校級之研究倫理委員會的討論） 3.申請人聯絡資料 4.研究計畫的基本資料 5.研究目簡述 6.研究倫理相關的內容（研究目的、有關參與者的相關程序、如何獲得知情同意等） 7.資料保護法中與研究倫理批准有關的條款（簽署） 8.申請者簽名及日期 9.學院的審查結果 10.大學的審查結果
申請表頁數	20頁	7頁
語言	英文	英文

表2 （續）

校名 面向	佛大	馬大
申請人的資格	校內人員	校內人員
包含校內合作研究者訊息	有	沒有（只有申請人訊息）
包含海外合作研究者訊息	有	沒有
相關資源連結	申請提交歷程（Application Submission Process） 申請提交指引（Application Submission Guide）	沒有

資料來源：筆者整理。

　　由表2發現佛大和馬大的研究倫理審查表的結構與組成有一些共通點及相異點：

(一) 共通點

1. 申請表的標題都強調是「以人為對象」的研究倫理審查。
2. 內容分別為9和10個向度，很接近；其中的申請人訊息、研究計畫訊息、研究倫理細項、文件提交的檢核表及最後申請人的簽署等是兩個案例都具備的。
3. 申請表都以英文（官方語言）呈現。
4. 審查都必須由校內人員提出申請。

(二) 相異點

1. 佛大的申請表強調是「社會或行為的研究倫理」，但馬大只泛指一般以人為對象的研究倫理，並未強調領域範圍；佛大的表格同時適用於教師與學生，但馬大的教師及學生使用不同的表格。

2. 在內容結構上，佛大有填表提醒及網路資源，也納入其他合作研究研究人員及海外研究的相關訊息，但馬大並沒有。倒是馬大在收件、學院及大學的討論及兩個層級的審查結果都包含在申請表中，佛大則未包含。

3. 在申請表的頁數方面，佛大的空白申請表有20頁，包含許多細節，而馬大則只有7頁。

4. 在研究者的訊息方面，佛大包含計畫主持人及國內、國外的合作研究者，但馬大只有申請人的相關資訊。

　　由申請表的結構與組成來看，兩校都必須由校內人員提出申請。申請人訊息、研究計畫訊息、研究倫理細節、提交文件的檢核表及最後申請人的簽署是申請表的基本要項。至於是否納入合作研究者、申請表的詳細程度、使用的語言及參考資源的提供、是否分學院及大學兩級審查等，則是學校個別的考量。不過，在表格中納入國內、國外合作研究者訊息，似乎意味著對當今國際互動促成的跨校與跨國研究需求的覺察。至於申請表以概要方式呈現，可能假定只要申請人掌握原則即可。反之，要求細節可能為確保研究倫理的完整，或是讓申請人有清楚的填寫指引。至於填寫提醒及參考資訊的提供，則是支持的表徵。此外，要求申請人皆為校內人員，似乎有保護該校研究機會的意圖，只要校外人員想在該校進行研究，就必須邀請該校的人員成為合作研究者。

　　除了結構與組成的分析之外，申請表中有關具體的研究倫理內容，也依據表1所列的原則來進行分析並歸類如表3。

表3　研究倫理內容細項的原則分析

校別 原則	佛大	馬大
尊重 個體	3-2涉及1988隱私法的醫學或健康研究 3-3健康研究涉及或影響原著民或托雷斯海峽島居民	2-1研究對象是如何招募的？提供何種誘因？ 2-2研究對象的具體特徵：參與人數、

表3（續）

校別 原則	佛大	馬大
	3-4發表、資料類型、錄製／觀察 3-5研究方法（誰將被招募？參與者的來源；參與者會被要求做什麼？錄製－音頻／錄像／拍照？研究的每一部分將會在哪裡進行？） 4-1-1參與者身分和招募基本要求（招募標準及涉及的研究部分） 4-1-2研究參與者需要達到的數量和樣本群（評估是否保證匿名） 4-1-3參與者來源（是否有弱勢族群） 4-1-5參與者年齡（是否未滿18歲） 4-1-6知情同意書（是否提供？參與者如何表達同意？） 4-4參與者聯繫與招募（獲得同意） 4-5提供給參與者的信息（研究介紹信） 4-6直接招募（是否造成脅迫感） 4-8同意書（本人或監護人） 4-9短期參與人員（同事……） 4-10時間承諾（參與期限與方式） 7-4研究涉及原著民 8-1研究涉及兒童或弱勢群體	年齡範圍、性別 2-3說明如何獲得合作機構的許可：學校、醫院、組織、監獄或其他相關組織？是否需要其他研究倫理委員會的審查？ 2-4研究對象參與什麼事或研究對他們做了什麼？蒐集什麼樣的資訊？接受觀察、測驗或其他處置的次數是？參與的時間有多長？ 3.如何對研究對象解釋整個研究計畫並且獲得他們參與研究的知情同意？如果研究對象是未成年、心智未成熟或沒有法令上的同意參與權，如何獲得及從誰獲得同意？是否讓研究對象知道他們可以隨時退出研究參與？
福祉	4-1-4利益衝突（研究者與參與者的關係，如教師與學生） 4-7保密性和匿名性（保證措施） 6-1研究的價值和利益 6-2負擔和／或風險 6-3負擔和／或風險控制 6-4隱瞞（研究的真正目的是否會隱瞞參與者？） 6-5反饋和／或簡報（任何與研究相關、會提供給參與者的反饋或匯報）	4.研究對象是否可能受到任何身體的、心理的、法律的、社會的傷害？這些風險是必要的嗎？採取何種防範措施來讓風險降到最低？ 5.研究是否涉及隱瞞？隱瞞的本質是什麼？對研究對象是重要的嗎？有沒有其他的研究方式可以避免隱瞞？如果有，為何沒選？在研究中給予研究對象的隱瞞理由是什麼？

表3（續）

校別\原則	佛大	馬大
	6-6問卷（由誰分發問卷／調查表給參與者？參與者將如何歸還完成了的文件／調查表？由誰蒐集完成了的文件／調查表？參與者將如何被告知這些信息？） 6-7參與者報銷（研究者是否意圖償還參與者？） 6-8資料轉錄（保密協議） 6-9參與者對資料的控制 6-10資料儲存和保留（匿名性和保密性） 7-2資助（利益衝突）	6. 研究對象在參與此研究中可以獲得哪些益處？如果研究對象需要被報告出來，如何確認此歷程的教育價值？
公平正義	4-2文化和／或宗教背景（特殊背景參與者） 4-3語言（研究訊息是否以英語以外的其他語言來提供？）	2-5蒐集哪些資料類別？人種或族群、政治觀點、宗教或哲學信念、貿易團體的會員、健康、性生活及遺傳等資料

資料來源：筆者整理。

　　表3針對兩個學校的研究倫理審查申請表中的實際研究倫理細項進行分析，依照「尊重個體」、「福祉」及「公平正義」三個原則分別歸類。從表3發現兩個案例的研究倫理細項都能歸類到三個原則當中，顯示「尊重個體」、「福祉」及「公平正義」確實是其研究倫理的考量原則。然而從表3也發現，「公平正義」原則中的所屬項目相對少些，是否意味著兩所大學的研究倫理較不重視「公平正義」的原則？其實並非如此。筆者相信分出三個原則是便於擬定研究倫理內容的全面思考，實際上三個原則彼此之間應是有重疊的。例如：馬大的「2-1研究對象是如何招募的？提供何種誘因？」項目中，「招募」就涉及個人的意願，體現「尊重個體」的原則，但「提供誘因」也可被視為是「福祉」的原則；而佛大的「6-1研究的價值和利益」，直覺就是「福祉」的原則，但若考慮到價值與利益的分配，就需考慮「公平正義」的原

則。就此來看，有些項目其實已經同時涵蓋兩個或三個不同的原則。像佛大的申請表中的第6項「具體倫理事項」（specific ethical matters）就特別說明「本項涉及福祉（與價值密切相關）和公平正義（與尊重密切相關）」（This section relates to the value of Beneficence [closely related to Merit] and Justice [closely related to Respect]），已經把福祉、公平正義及尊重結合在一起。此外，筆者也發現佛大的申請表都以參與者（participants）來指稱研究對象，但馬大是以受試者（subjects）來指稱，可能跟表格設計者看待研究對象的角度有關。

　　從表3也發現，佛大的研究倫理考慮較多細節，也較完整，考慮資料的蒐集、分析及保存方式，貫穿整個研究的歷程。馬大則採綱要式，未特別提到資料的保存。兩者各有利弊，重細節較能面面俱到但可能填寫或審查費時，綱要式填寫較省時但可能忽略細節。總之，從研究倫理的角度來思考，研究人員應尊重研究對象，提供並且詳細說明研究的內涵，做到研究透明化，讓個體自行決定是否參與研究；應評估個體參與研究可能的風險、傷害及福祉，降低及管理風險、保密及匿名，也要公平的選取研究對象，不應利用個體的弱勢或特殊處境而把他們選為研究的對象。

五、結論

　　為了避免個體因參與研究而受到傷害，教育研究倫理議題的處理已成為開展研究的必要條件。當前正值國內發展研究倫理審查制度的時刻，極需其他地區的相關經驗。本文分析佛林德斯大學及馬爾他大學的研究倫理審查內容，獲得以下結論：

(一) 申請人的訊息、研究計畫的訊息、研究倫理的細節、提交文件的檢核表及最後申請人的簽署是研究倫理審查申請表必備的面向。

(二) 申請表可以分教師用與學生用表格，也可以師生用同一種表格。

(三) 申請表除了申請人之外，也可以納入其他合作研究人員及海外研究的相關訊息。

(四) 研究倫理可以呈現原則也可以呈現細節。

(五) 研究倫理的審查可以是校級，也可以學院及大學兩級審查。

(六) 貝爾蒙特報告（Belmont Report）所提的「尊重個體」、「福祉」及「公平正義」三個原則可視爲研究倫理的根本原則，但在應用上，原則可以結合而非截然劃分。

六、建議

根據研究結論，提出以下建議供大學建構教育研究倫理審查內容參考：

(一) 研究倫理審查申請表可以分成五個重點，包括申請人的訊息、研究計畫的訊息、研究倫理的細節、提交文件的檢核表及最後申請人的簽署。

(二) 涉及實際研究倫理細節的擬定時，可以參照貝爾蒙特報告（Belmont Report）所提的「尊重個體」、「福祉」及「公平正義」原則，也可以結合兩個或以上的原則。

(三) 除了教師之外，也應考慮學生論文所涉及的研究倫理審查議題，採表格共用或分開設計。

(四) 研究倫理申請表可考慮加入國內與國外合作研究者的訊息，因應跨校及跨國研究的趨勢。

(五) 可以考慮是否開放申請表，讓校外研究人員也可以申請，也可以探討採單一校級審查或是學院及大學兩級審查及詳細表格或大綱式的優缺點，作爲擬定審查制度的參考。

本文分析的案例是立意選取，緣於筆者2014年的研究，可能無法顧及不同地區的大學研究倫理審查內容的差異。但從兩個案例中我們仍然獲得一些啓發，爲國內大學發展教育研究倫理審查制度提供借鏡。

參考文獻

一、中文部分

邱文聰、莊惠凱（2010）。建置當代人類研究倫理的治理架構：一個反身凝視的契機。人文與社會科學簡訊，**12**(1)，33-39。

鄭育萍（2015）。淺論國科會推動之人文社會科學研究倫理治理架構。**文化研究雙月報，150**，2-21。

戴正德、李明濱（2011）。社會行為科學研究之倫理及其審查機制。**醫學教育，15**(2)，165-181。

二、英文部分

deLanda, B. (2009). *The Belmont Report: History, principles and application.* Retrieved from http://humansubjects.stanford.edu/education/2009_05_Belmont.pdf

Flinders University (2016). *Application for ethical approval of social or behavioural research involving human participants.* Retrieved from http://www.flinders.edu.au/research/researcher-support/ebi/human-ethics/resources/forms.cfm

Shuster, E. (1997).Fifty years later: The significance of the Nuremberg Code. *The New England Journal of Medicine, 337*(20), 1436-1440. Retrieved from http://www.rcsi.ie/files/research/docs/20151204040235_nuremberg-code.pdf

University of Malta (2016). *Request for approval of human subjects research – academic staff.* Retrieved from http://www.um.edu.mt/__data/assets/pdf_file/0018/115137/proposal_form_revised.pdf

World Medical Association (2013).World Medical Association Declaration of Helsinki: Ethical principles for medical research involving human subjects. *JAMA, 310*(20), 2191-2194. Retrieved from https://www.chemie.uni-hamburg.de/studium/wma_declaration.pdf

第十二章

解決問題還是製造另一個問題：新住民女性及其子女相關教育研究之正向與負向影響評析

鄭英傑

國立體育大學師資培育中心助理教授

一、「誰」被說有「問題」？「誰」需要被「協助」？

　　近年來，受到全球化、臺灣傳統「婚姻排擠」與「婚姻坡度」以及政府南向政策的影響下，導致「跨國婚姻」現象屢見不鮮，如根據內政部統計處（2012）的統計，東南亞女性與臺灣男性結婚的人數，從1980年代開始增加，至2004年已達到14%之高峰。因為數量逐漸增加，故對臺灣的人口組成結構造成衝擊，成為一個刻不容緩的社會議題與社會焦點。此外，根據數據顯示，新住民女性所生子女的人數亦有增加之趨勢，例如：於99學年度新住民女性子女就讀中小學人數已接近18萬人，占了臺灣全體學生總數的7%（教育部，2011），因此，新住民家庭的子女，也將連帶的影響到學校教育，引起教育學界的討論。

　　植基於前述背景，在2007年時，某間大學於熙來攘往的校門口，貼出了「新移民女性及其子女教育問題與輔導策略」研討會之斗大紅布條。對教育學界的人而言，這群新住民女性及其子女，在某些教育環節上，或許真的顯示出了一些問題；不過，對於一般社會大眾而言，在看到如此明目張膽的標題後，從中獲得了什麼樣的訊息，頗更值得玩味。換言之，該間大學以該標題為名，舉辦了學術研討會，主要目的，相信是為了透過教育研究，找出解決新住民女性及其子女的教育問題之策略，只是，很有可能，在解決問題之前，卻已經很弔詭地先傷害了新住民女性及其子女，畢竟，此標題，已如「昭告天下」般地，向社會大眾宣稱這群人是「有問題」、需要「被輔導」，如此一來，不禁讓人憂心，當社會大眾經過之時，見到此種標語，是否可能產生對新住民女性及其子女的刻板印象？

　　據此，本文的主要目的，即在於以「新住民女性及其子女」之相關教育研究為例，針對此種「弔詭」之特性進行討論。亦即，教育研究雖致力於解決問題，但也可能製造出了另一個問題，因為教育研究成果除了對政策產生實質影響外，是否也可能在無形之中，型塑出對研究對象不利之意識型態。有關本文之架構，首先，說明教育研究的正向政策面影響，爾後，則說明教育研究的潛在負向影響，最後，再針對後續此類研究，提出些許建議。

二、教育研究幫助到了什麼？

　　教育研究的價值，其中一部分，體現於對教育決策之引導上（王文科，2001），亦即政府機關於教育政策制定時，教育研究可提供相關數據資料與成果，俾供決策者參酌。職此之故，教育研究與教育決策之間的關係，常成為研究者討論之焦點（潘慧玲，1999）。若以「新住民女性及其子女」之相關教育研究為例，國內對於「新住民女性」的研究相當多，而所涉及的議題亦相當廣泛，若舉其中犖犖大者，如生活適應不良（王碧君，2015；呂美虹，2001；邱琡雯，2000）、中文能力不足（夏曉鵑，1997）、文化隔閡（王雅芬，2005；蔡雅玉，2001）等面向。至於「新住民子女生活情形」之研究，則包括生活適應不良（林礙萍，2003）、學業成就低落（李明芳，2013；柯淑慧，2004；鐘文悌，2005）等。

　　植基於前述種種研究，臺灣政府無論是礙於社會輿論的壓力，或者是基於實踐「社會正義」的原則，的確制定了許多政策方向及計畫方案，例如：教育部於2003年召開的全國教育會議，乃是為了因應新住民女性日益增加的趨勢、解決其學習實際需求、促進其生活適應及教養子女的能力，故於討論議題中，列有「加強外籍配偶及其子女教育，調整文化及學習落差」之議題，並獲致「開創多元學習管道，結合相關單位辦理外籍配偶成人教育」之建議事項（教育部，2003）。而政府機構所實際推動之計畫方案，可以「新住民女性識字教育」為代表，如夏曉鵑在1995年，於高雄成立「外籍新娘識字班」，助其學習中文，並獲得內政部的補助而廣設[1]（吳美雲，2001）。

三、教育研究傷害到了什麼？

　　只不過，教育研究除了對教育決策產生影響之外，是否還造就了其他影響？教育研究是否真的有助於解決教育問題？或者，教育研究本身是否反而造就了其他的問題？尤其，任何教育研究成果的運用，其實

---

[1]　如美濃愛鄉協會、賽珍珠基金會、紫竹林精舍、東港天主教堂等。

深具有「不確定性」，且可能產生與研究者原意有所違逆的情形，產生不可預期之影響，因研究並不只是做完之後就存檔而被遺忘（Malen, 1999）。此種情形，尤其發生在研究成果遭到誤解、誤用，或是引導社會大眾型塑錯誤迷思之時。而此種隱藏於研究成果背後的意識型態問題，可能非研究者的原意，但其影響力實不下於對政策面的影響，且更默默的牽引著社會大眾看待某些現象或是議題的角度。基於此，以下即嘗試從另一個角度，審視國內「新住民女性及其子女」之相關研究可能傳遞出來之潛在意識型態。

劉慈惠（2000）曾指出研究者可能有意識或是無意識地採取「劣勢論點」來進行研究。若從此觀點審視國內過去對於「新住民女性及其子女」的研究，採行的題稱（如「新臺灣之子的悲哀──文化差異與學習障礙是兩大困難（2003）」、「外籍配偶子女發展與教育問題之探討（2005）」或者「新臺灣之子在國小階段的教育問題（2007）」等）以及所獲得的研究結果，不難發現，有為數不少的研究，皆直接或間接透露出新住民女性及其子女是「問題重重」以及「亟待改進與矯正」。確實，這些文章本質上是出自於善意，而且，不可否認的，新住民女性及其子女確實可能存在種種適應上的問題，但必須注意的是，如果後續的研究持續不假思索地接受過去的研究成果，並作為基本的預設立場，而「致力」於做出同樣不利於該群體的結果，此便猶若滾雪球一般，導致「標籤化」的作用愈來愈強烈。今若再受到媒體的大幅報導與渲染，極有可能使社會大眾型塑出新住民女性以及新住民子女是一群深具有問題的「次等公民」之印象，而在此種刻板印象的「汙名化」下，將迫使其居於邊緣以及亟需受「矯正」的地位，且此種刻板印象往往會回過頭來，變成新住民女性以及新住民子女的「標籤」，最終，慢慢的將此種不當的意識型態與刻板印象，昇華成了一種「社會事實」（social fact）。

可見，這些研究在幫助他們之前，已可能先行預設了其較為次等的立場，早已傷害其自尊、認同與價值觀。此種由「先講究差異，再行補救」之思考方式，其實是相當可議的。

四、該怎麼辦？──從「染黑型研究」、「漂白型研究」再到 「灰色型研究」

　　由此觀來，教育研究一方面除可能達到研究者本身預期可見的成果外，另一方面，則可能產生另一個非預期不可見的成果，而此種非預期成果之影響力，未必會比原本預期的成果來的小，而且影響的形式多半是無形的、不可控制的，甚至會帶有負面的意味，因此，研究者實需更加小心與謹慎，要不然，則可能讓自己的研究變成是一種「染黑型研究」（Black research），亦即，汙名化了研究對象。

　　而爲了要挑戰此種「染黑型研究」所帶來的不當刻板印象，亦有爲數不少的學者，致力於幫這群新住民女性及其子女「平反」，從其他的角度出發，獲致了與其他研究相左之成果，此或可稱爲「漂白型研究」（White research）。例如：部分研究指出，臺灣東南亞女性新住民家庭的種種「問題」，原因並不是來自於「新住民女性」，而是「臺灣男性」（余淑貞，2006；楊詠梅，2002）；再者，新住民子女的「教育問題」也與「種族」無必然關係，其學業表現也並不遜於臺灣學生（吳毓瑩、蔡振洲，2014；陳湘琪，2004）。從這些研究看來，或許如同夏曉鵑（2003）所言的，「新移民女性及其子女有所謂的各種生活或課業的問題，進而使得臺灣人口素質低落」等的論述，往往可能是「社會建構」而來，並無扎實的研究作爲證據。易言之，種種對於新住民女性及其子女的不當論述，皆可能是意識型態下的產物，畢竟造就此種情形的原因，仍可能有其他因素的夾雜，並非只是單一「種族」因素使然。

　　在前述「染黑型研究」與「漂白型研究」的對抗與辯證下，本文試圖提出另一種思維觀點：「灰色型研究」（Grey research）。亦即，研究者務必時時提醒自己要以中立的態度，處理研究的所有環節。以下，提供一些具體的想法與做法，俾供參酌。第一，研究者除了必須從批判的角度，分析過去研究之外，更重要者，宜採取「雙面俱陳」的方式，同時呈現正、反兩面的研究成果，再進行評析，而不宜直接採取某個預設立場來進行研究，進而只援引符合立場的經驗證據進行研究，不

然的話，將會使研究品質堪慮，亦可能傳遞出不利於研究對象之意識型態。第二，研究者在處理教育問題之時，必須同時考量到各個因素之間「多維盤錯」的關係，以求避免落入單一因素決定論的弊端。第三，在處理此種具有爭議性的研究議題時，必須注意到「先後順序」以及「中立字眼」等原則，詳言之，若以新住民女性及其子女之研究爲例，過去在此種社會現象剛浮現之時，無可厚非，一開始的研究可能會獲得該群體在生活層面上，確實存有許多問題之研究結果，然而，隨著相關研究的增多，以及相關政策法令的推動與改善下，後續的研究自不宜再直接套用過去的研究成果，來作爲預設立場，而是應該使用中立、不具「標籤化」以及「刻板印象」之字眼來看待該議題，例如：使用「情形」、「情況」的「瞭解」，或者「關係」之「探討」等字眼，避免使用「問題」、「困難」等具負面意味之用字爲宜。

　　或許如此，才能讓教育界、社會大衆乃至於特定群體的人，不會一而再、再而三地被「提醒」與「複習」：「他（她）／我是有問題的」。

參考文獻

一、中文部分

王文科（2001）。**教育研究法**。臺北市：五南。

王雅芬（2005）。**臺北市外籍配偶社會支持之相關研究**。國立臺灣師範大學社會教育學系在職進修碩士班，未出版，臺北市。

王碧君（2015）。新住民及其子女的教養問題與改善建議。**臺灣教育**，**695**，21-28。

內政部統計處（2012）。內政部統計通報：100年結婚及出生登記統計。2016年10月8日取自：http://sowf.moi.gov.tw/stat.week/list.htm

李明芳（2013）。我國新住民及其子女教育與輔導政策之探討。**幼兒教育**，**309**，54-78。

呂美虹（2001）。**外籍新娘生活適應與婚姻滿意及其相關因素之研究——以臺灣地區東南亞新娘爲例**。中國文化大學生活應用科學系研究所碩士論文，未出版，臺

北縣。

余淑貞（2006）。**臺北縣新移民女性的國中子女學校生活適應之研究**。國立臺灣師範大學人類發展與家庭學系在職進修碩士班，未出版，臺北市。

吳美雲（2001）。**識字教育作爲一個「賦權」運動：以「外籍新娘生活適應輔導班」爲例探討**。世新大學社會發展研究所碩士論文，未出版，新北市。

吳毓瑩、蔡振洲（2014）。東南亞裔新移民女性之子女的學業成就眞的比較差嗎？與本地對照比較之三年追蹤探究。**教育研究集刊，60**(1)，77-113。

林磯萍（2003）。**臺灣新興的弱勢學生──外籍配偶子女學校生活適應現況之研究**。國立臺東大學教育研究所特殊教育教學碩士論文，未出版，臺東市。

邱琡雯（2000）。在臺東南亞外籍配偶的識字／生活教育：同化？還是多元文化？**社會教育學刊，29**，197-219。

柯淑慧（2004）。**外籍母親與本籍母親之子女學業成就之比較研究──以基隆市國小一年級學生爲例**。國立臺北師範學院幼兒教育學系碩士論文，未出版，臺北市。

夏曉鵑（1997）。女性身體貿易──臺灣／印尼新娘貿易的階級、族群關係與性別分析。**騷動季刊，4**，10-21。

夏曉鵑（2003）。實踐式研究的在地實踐：以「外籍新娘識字班」爲例。**臺灣社會研究季刊**，2-47。

教育部（2003）。**2003年全國教育發展會議實錄**。臺北市：作者。

教育部（2011）。**99學年外籍配偶子女就讀國中小人數分布概況統計分析**。2016年10月8日取自：http://www.edu.twfiles/site_content/Boo13/son_of_foreign_99/pdf

陳湘琪（2004）。**國小一年級外籍配偶子女在智力、語文能力及學業成就表現之現況**。國立臺南師範學院教師進修幼教碩士論文，未出版，臺南市。

楊詠梅（2002）。**臺灣印尼籍跨國婚姻婦女之健康關注**。高雄醫學大學護理學系研究所碩士論文，未出版，高雄市。

潘慧玲（1999）。教育研究在教育決策中的定位與展望。**理論與政策，50**，1-12。

劉慈惠（2000）。社經地位與教養相關文獻的評析與再思。**新竹師院學報，13**，359-374。

蔡雅玉（2001）。**臺越跨國婚姻之初探**。國立成功大學政治經濟研究所碩士論文，未

出版，臺南市。

鐘文悌（2005）。**外籍配偶子女學業表現與生活適應之相關研究**。屏東師範學院教育

　　行政研究所碩士論文，未出版，屏東市。

二、英文部分

Malen, B. (1999). Reflections on political responses to policy research. *Educational Policy,*

　　13, 185-190.

第四篇

研究方法篇

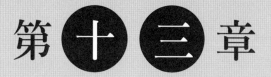

第十三章

教育行動研究的研究倫理
實例與評析

蔡清田
國立中正大學教育研究所教授兼教育學院院長

進行研究，一定要注意「研究倫理」，研究倫理是指進行研究時所應遵守的行為規範，也就是指研究者在研究的過程中，其行為必須符合一般研究社群所秉持的共同價值信念與道德觀點，並且清楚明白在研究過程之中哪些為合法可行之事（林淑馨，2010）。研究倫理是進行研究中一種學術倫理道德規範價值，更是研究取信於社會大眾的基礎，對於在研究過程期間，透過承諾所取得之事實的資料，均須取得當事人首肯，而且「尊重被研究者」是重要的研究倫理要求（高敬文，1996）。因此，本文「教育行動研究的研究倫理實例與評析」配合本書《教育學門的研究倫理：實例、問題與評析》，旨在從行動研究的實例，針對「問題意識」與教育研究的專業倫理，行動研究的「研究歷程」與研究倫理等兩個面向，進行研究倫理實例評析。

一、行動研究的「問題意識」與教育研究的專業倫理

本文參閱「貝爾蒙特報告書」（Belmont Report）、「教育學門保護研究對象倫理信條」以及設有「研究倫理委員會」，如國立臺灣師範大學與國立彰化師範大學之網頁相關內容，針對近年研究倫理一詞的理念及其現行規範與法制措施有所瞭解。特別是美國「全國生物及行為研究人體受試者保護委員會」（The National Commission for the Protection of Human Subjects of Biomedical and Behavioral Research）於1979年6月出版《貝爾蒙特報告書》（*Belmont Report*），針對進行生物醫學和行為科學研究之人體實驗者提出保護原則，揭示三大基本的倫理原則，包括：「對人的尊重」（respect for persons）、「善意的對待」（beneficence）與「公平正義」（justice）。「研究倫理」一詞與「專業倫理」及「學術倫理」雖有不同，但異中有同，更有密切關係，其中「對人的尊重」、「善意的對待」與「公平正義」之「研究倫理」都非常強調「尊重被研究者」，而且皆能呼應行動研究的「問題意識」與教育研究的專業倫理，以及行動研究的「研究歷程」與研究倫理等面向（Elliott, 1991; McKernan, 1996）。

教育行動研究藉由人類行動的品質改進，以改善教育環境。行動研究是由「實務工作者」主導，以瞭解並解決本身的問題，進而改進

本身的實務工作爲目的，所進行的系統性與批判性的探究。行動研究是「反思的實務工作者」所倡導的專業表現。因此，「反思的實務工作」與行動研究的「問題意識」，實屬重要。因此，「問題意識」是「實務工作者」從事行動研究的探究，不可或缺的。特別是教育專業實務工作的理念，涉及一種對專業倫理價值的承諾，亦即，「在此情境之下，我該怎麼辦」（Elliott, 1991）？實務工作者將會以規約的用詞來陳述這些規範的價值，追求專業理解與成長。

以國中地理老師陳玠汝（2016）國中社會領域地理科實施學習共同體之行動研究爲例，其主要研究問題包括：(一)探究學生在國中社會領域地理科所遭遇的學習困難與省思爲何？(二)探究國中地理科學習共同體教師單元設計方案與省思爲何？(三)瞭解學生在地理科學習共同體方案實施的情形與省思爲何？(四)瞭解教師於評鑑行動研究方案的省思與成長爲何？國中輔導老師莊詩芸（2016）以現實治療取向團體提升國中學生生涯自我效能之行動研究爲例，其主要研究問題包括：(一)從情境分析探究現實治療取向生涯輔導課程提升國三學生生涯自我效能行動方案與省思爲何？(二)設計現實治療取向生涯輔導課程提升國三學生生涯自我效能行動方案與省思之歷程爲何？(三)實施現實治療取向生涯輔導課程提升國三學生生涯自我效能行動方案與省思之歷程爲何？(四)評鑑現實治療取向生涯輔導課程提升國三學生生涯自我效能行動方案與省思之歷程爲何？以國小級任老師李信男（2016）應用讀經課程進行國小六年級學生品德教育之行動研究爲例，其主要研究問題包括：(一)從情境分析探究應用讀經課程進行品德教育的現況與省思爲何？(二)規劃讀經課程行動方案的歷程與省思爲何？(三)實施讀經課程行動方案的歷程與省思爲何？(四)評鑑讀經課程行動方案的歷程與省思爲何？

教育行動研究是強調價值引導，在進行教育行動研究的資料蒐集之前，必須確立研究倫理信念價值，特別是由上述三個行動研究實例可以發現教育行動研究是強調價值引導，行動研究要求實務工作者面對問題情境，採取研究立場，企圖透過行動方案的規劃設計實施與專業反思評鑑回饋，解決實際問題或改善工作情境，最後並增進實務工作者本身的教育專業理解。因此，行動研究的反思，是一種重要的教育行動研究專

業倫理，教育實務工作者，必須進行批判自我的反思，如此，才能增進教育工作者專業理解與成長。

二、行動研究的「研究歷程」與研究倫理

行動研究是一種具有程序步驟的研究歷程，行動研究者可以透過適當程序，一面透過行動解決問題，一面透過反省學習進行探究。因此，行動研究之所以成爲研究，必須是系統的探究，而且，也必須是公開於眾人之前的研究，並對問題解決的歷程與研究假設的策略，採取自我反省批判立場的一種研究（McKernan, 1996）。許多學者指出其過程包括：尋得研究起點、釐清情境、發展行動策略並付諸實行、公開知識（黃政傑，2001；陳伯璋，2001）。綜合各家觀點，歸納教育行動研究的過程，包括「行動『前』的研究」、「行動『中』的研究」、「行動『後』的研究」之關注問題領域焦點、規劃行動方案、尋求合作夥伴、實施行動方案、進行反省評鑑等繼續循環不已的開展過程（蔡清田，2013），這種開展過程可以進一步地加以明確化與系統化爲：(一)「行動『前』的研究」：1.陳述所關注的問題；2.規劃可能解決上述問題的行動方案；(二)「行動『中』的研究」：3.尋求可能的教育行動研究合作夥伴；4.採取行動實施方案；與(三)「行動『後』的研究」：5.評鑑與回饋；6.發表與呈現教育行動研究證據。但是，如果教育行動研究的報告內容未經同意，則行動研究報告，可能是在研究倫理上，站不住腳的，因此下列研究倫理在行動研究中實屬重要。

(一)「知道的權利」

研究倫理是指研究者在研究的過程中，其行爲必須符合一般研究社群所秉持的共同價值信念與道德觀點，並且清楚明白在研究過程之中哪些爲合法可行之事（林淑馨，2010）。特別是就選取研究參與對象與合作夥伴而言，行動研究者必須說明爲何選取這些對象作爲研究參與者與合作夥伴，事前徵詢研究參與者與合作夥伴，爭取合作的空間時間與方法等資源，透過研究參與者合作夥伴的共同合作，共同建構故事，並

讓所有的參加者擁有「知道的權利」是重要的（高敬文，1996；McK-ernan, 1996）。

　　以陳玠汝（2016）國中社會領域地理科實施學習共同體之行動研究爲例，在徵求學生家長與合作夥伴教師的同意方面，基於保障個人的基本人權與尊重每一位家長對於學生參與本研究的選擇權，故在研究方案實施前，研究者事先以「國中社會領域地理科實施學習共同體教學計畫學生同意書」以及「國中社會領域地理科實施學習共同體教學計畫家長同意書」徵求家長與學生的同意，待研究之研究對象與其家長完全同意，使參與研究的全班學生得以加入此次研究活動。此通知書亦向家長說明學習共同體教學方案的理念與實施方式，使家長及學生更加瞭解研究方案的目的。此外，也以「實施學習共同體教學研究教師合作同意書」徵求校內三位相關教師的同意，擔任研究的合作夥伴，並告知研究目的與實施方式，使其確實瞭解後能有效協助研究的進行。

　　又如莊詩芸（2016）以現實治療取向團體提升國中學生生涯自我效能之行動研究爲例，讓所有研究參與者，包括協同合作夥伴、研究對象、家長等，有知的權利。因爲在研究倫理理念與實施中所強調的非僅是知道，而是「知情同意」，且要研究者及研究參與者共同簽署「學生同意書」以及「家長同意書」相關文件，徵求家長與學生的「知情同意」，待研究之研究對象與其家長完全同意，使參與研究的全班學生得以「知情同意」，加入此次研究活動。上述陳玠汝與莊詩芸其所使用的「學生同意書」以及「家長同意書」等相關文件，皆非其自述，也非作者「想當然耳」，而是在與本文作者身爲其碩士論文指導教授，在其碩士論文指導過程中，進行多次討論檢證，呈現在其已經公開的碩士畢業論文中。

(二) 保護研究過程中的隱私

　　研究倫理是進行研究中一種學術倫理道德規範價值，對於在研究過程期間，透過承諾所取得之事實的資料，均取得當事人首肯。值得注意的是，透過承諾所取得之事實的資料，除了當事人首肯允許之外，採取

絕對的保密防護措施。進入現場蒐集資料，經常面臨研究倫理問題與衝突進行反省。要讓受訪者知道訪談的有關主題，而且不要為了獲得重要訊息而誤導，甚或欺騙受訪者。在研究過程中，對於被研究者要做到不隱瞞和誠信的原則，透過不同管道來傳達，讓被研究者知道研究的內容、時間和配合事項，以及可能造成的影響，並謹慎處理彼此的承諾與約定（蔡清田，2013）。

特別是，研究對象和取樣方法適當要有清楚的研究倫理。基於被研究者的隱私和保護，「保密原則」顯得更為重要（陳向明，2004），一定要確實做到保護受訪者的隱私與機密，保護受訪者的身分可以讓受訪者免去許多不必要的麻煩，提供更豐富、深刻的資料，絕對不可以過河就拆橋，正因為研究參與者往往缺乏足夠的保護意識，研究者更應該小心，主動為他們保密，避免與研究不相關人等談論研究，研究中的所有晤談內容及相關書面資料，均予以妥善保管，所有的研究記錄與結果，最好均以化名表示，也避免提到容易辨識的特徵，避免傷害並保護研究參與者的隱私，維護其最大的利益。

以陳玠汝（2016）國中社會領域地理科實施學習共同體之行動研究為例，研究撰寫報告中，為維護學校權益，將對研究對象學校名稱加以保密。除此之外，為保護研究過程中的個人隱私，研究遵守匿名原則，將研究對象與合作夥伴的姓名加以編號保密。又如以李信男（2016）應用讀經課程進行國小六年級學生品德教育之行動研究為例，研究者在進行研究時，注意到誠信原則，避免加入太多研究者的主觀意識，也經常檢視是否違反了研究倫理，研究者秉持保密的原則來保障研究參與者及受訪者的隱私權。特別是保護研究過程中的隱私，並非僅有化名或匿名即可，也儘量進行「去識別化」甚或「去連結」。這些將研究對象與合作夥伴的姓名加以編號保密做法，已經本文作者身為其碩士論文指導教授，在碩士論文撰寫與指導的過程中，進行多次討論檢證，並經碩士論文口試委員認可及格通過。

(三) 不危害研究參與者的身心

　　不危害研究參與者的身心是進行教育研究時最為重要的一項倫理
規範，特別是進行行動研究之中，某些的方法是無法令人接受的，例
如：經由高聲咆哮吼叫，要求學生順從指示命令，便是不當的。如以陳
玠汝（2016）國中社會領域地理科實施學習共同體之行動研究為例，
研究者有責任及義務確保每一研究參與者在研究進行過程中，不會受到
生理或心理上的傷害，包括造成身體受傷、長期心理上的不愉快或恐懼
等。因此，在研究方案的設計過程中，研究者皆與合作夥伴進行縝密討
論與規劃；研究方案的實施過程中，除了謹慎的將方案付諸實踐，也有
合作夥伴進行觀課指導，維持合宜的教學場域。莊詩芸（2016）以現
實治療取向團體提升國中學生生涯自我效能之行動研究為例，研究者在
從事行動研究之歷程時，透過尊重慎思與明辨的研究過程，研究者能兼
顧公信力及說服力，有助研究的進行得到信賴，並時常檢視自己是否違
反誠信原則，甚至侵犯參與者的隱私權或損害學生應有的受教權。

(四) 教育行動研究者需要具有不預設立場的開闊心胸與恢弘氣度

　　教育行動研究的目的之一，是從教育實務情境當中進行學習，因
此，採取探索的與心胸開闊、氣度恢弘的立場是必要的，而且包容力及
幽默感是進行教育行動研究所需要的特質。教育行動研究過程中，有必
要確保不同的價值與觀點，皆能獲得尊重（蔡清田，2010）。以陳玠
汝（2016）國中社會領域地理科實施學習共同體之行動研究為例，便
明確指出忠實的呈現研究過程與結果，在資料蒐集與結果分析的過程
中，將不刻意排除負面的以及非預期的研究資料，而是將獲得的相關資
料，保持客觀的角度詳實的記錄，並進行客觀分析，以確保研究的結
果的真實樣貌。在論文寫作方面，對於研究結果亦不做過度的推論，
使讀者瞭解研究的可信程度。教育行動研究是從實際工作情境當中進
行學習，因此，採取探索的立場與開放的心胸是必要的。教育行動研
究者提出解決問題的研究假設與行動策略，是偏於一種落地生根的理

論或扎根理論 （Strauss & Corbin, 1990）。教育行動發生在理論成形之前，進行實際行動之後，才開始逐漸建構形成中的理論（McKernan, 1996）。

三、結語

　　研究倫理，是進行研究中一種學術倫理道德規範價值，尤其是行動研究可能涉及的「師生權力不對等關係」等研究倫理，恐令此類研究有所窒礙難行甚而有損教育研究，因此本文採用多元觀點且取得各方權益兼顧的做法予以深究與評析。特別是「行動研究的反思，是一種重要的教育行動研究專業倫理，教育實務工作者，必須進行批判自我的反思」，「尊重被研究者」是重要的研究倫理要求，在多元的民主社會，要以「不強迫」的方式以達到彼此「相互尊重」的倫理原則。因此，本文以教育行動研究為例，並從行動研究的「問題意識」與教育研究的專業倫理，行動研究的「研究歷程」與研究倫理等兩個面向，進行研究倫理實例評析，明確提出「研究者如何進行批判自我的反思」，指出行動研究宜特別重視從行動研究的「問題意識」與教育研究的專業倫理，行動研究的「研究歷程」與研究倫理等，強調「知道的權利」、保護研究過程中的隱私、不危害研究參與者的身心、教育行動研究者需要具有不預設立場的開闊心胸與恢弘氣度等。

參考文獻

一、中文部分

林淑馨（2010）。**質性研究：理論與實務**。臺北市：巨流。

李信男（2016）。**應用讀經課程進行國小六年級學生品德教育之行動研究**。嘉義：國立中正大學教育學院教學專業發展數位學習碩士在職專班論文。

高敬文（1996）。**質化研究方法論**。臺北：師大書苑。

黃政傑（2001）。課程行動研究的問題與展望。中華民國課程與教學學會主編**行動研究與課程教學革新**（pp. 223-239）。臺北市：揚智。

陳向明（2004）。**教師如何作質的研究**。臺北：洪葉文化事業有限公司。

陳伯璋（2001）。學校本位課程發展與行動研究。中華民國課程與教學學會主編**行動研究與課程教學革新**（pp. 33-48）。臺北市：揚智。

陳玠汝（2016）。**國中社會領域地理科實施學習共同體之行動研究**。嘉義：國立中正大學教育學院教學專業發展數位學習碩士在職專班論文。

莊詩芸（2016）。以**現實治療取向團體提升國中學生生涯自我效能之行動研究**。嘉義：國立中正大學教育學院教學專業發展數位學習碩士在職專班論文。

蔡清田（2010）。**論文寫作的通關密碼**。臺北：高教。

蔡清田（2013）。**教育行動研究新論**。臺北：五南。

二、英文部分

Elliott, J. (1991) *Action research for educational change*. Milton Keynes: OpenUniversity Press.

McKernan, J. (1996) *Curriculum action research*. London: Kogan Paul.

Miles, M. B., & Huberman, A. M. (1994). *Qualitative data analysis: An expanded source-book*. California: Sage.

Strauss, A. & Corbin, J. (1990) *Basics of qualitative research: Grounded theory procedures and techniques*. London: SAGE .

第十四章

教學行動研究後之「變」與「不變」

許育健

國立臺北教育大學語文與創作學系助理教授

我從天空飛過，沒有留下翅膀的痕跡，但，我已經飛過。

—— 泰戈爾

一、前言

　　教師的工作單被研究是不夠的，必須由教師自己來研究；唯有教師在教學場域中獲致的實際理論，才能更貼近現場需求（Stenhouse, 1975）。教師參與行動研究，有助於教師專業文化的提升（蔡清田，2000）。於是，教師若持研究者的精神，在行動中反省，持續不斷地成長與學習，將可使自己的教學實踐更上一層樓（甄曉蘭，1997）。此外，教師若從事行動研究正足以向外界展現專業的智能，遂以建立教師的專業地位；然而，也可能造成教師身兼參與者和研究者的矛盾，其研究效度與標準備受爭議，或者固著於技術性的問題解決等問題（劉祐彰，2007）。

　　整體而言，行動研究對教育而言，具有較強的針對性，乃為了解決具體的實際問題所展開的研究，這是較適合中小學教師實踐教育研究的方式（魏宏聚，2004）。近十年來，中小學教師透過在職進修完成碩博士學位的人數較之以往，大幅增加。以教育部統計數據顯示，自97至104學年度，國小教師具碩士學位人數由21.08%躍升為50.75%；國中教師具碩士學位人數由22.87%亦躍升為48.44%（參見附表1）。與教育相關之行動研究碩士論文，則由95年的258篇，激增至105年的3,668篇，成長高達14倍（參見附表2）。經由交叉比照，可知大部分的行動研究論文，是由在職教師進修學位所產生的。

　　這些研究大都以教學行動研究的方式進行，並以自己任教的學校班級為行動研究的對象。試想這些教師在完成學位後，重回教學的常軌，到底造成了教師教學的什麼影響，有哪些方面從此改變了？有哪些方面曾經「短暫」的改變，後來卻又因為某些因素，回復昔日的光景？這是很重要的問題。因為如此大量的教學行動研究，進行著，或是已經結束，到底留下了什麼？若以研究倫理（research ethics）的角度思考，行動研究當針對研究的規劃、歷程與結果，遵循基本的倫理原則，合宜的展現研究結果。我們不禁懷想，若行動研究只是為了研究者

完成個人的畢業所需之研究而行動，而非以研究對象的良善利益為出發……。這問題確實值得我們所關注。

　　為理解此現象，本研究預設了一個提問：「請簡要的說說，在您教學行動研究之後，對您本身專業發展造成最大的改變為何？其次，有沒有哪些方面在行動研究之後，又回到了過往的景況（或者改變不大），是什麼因素造成您無法持續進行呢？」回應的對象共有35名，其中有些我認識的在職教師，有些是我自己指導的學生或其同事。受訪者以文字回應[1]，經筆者整理之後，形成了本文研究結果與分析，文末筆者已對此內容提出數項省思與評判。

二、「變」了什麼？

　　依林佩璇（2009）的分析，行動研究的目的在於：解決課程及教學中面臨的問題；有助於個人的專業發展；改變實踐所在的學校環境；改進生活所在的社會環境等。於是，經過行動研究的試煉洗禮之後，教師應該有三方面的改變：教師即研究者的體悟、對局部小巧的研究觀轉變，以及與他人合作觀的體認（陳春秀，2002）。以下為本文所整理，關於教師行動研究之後「改變」的內容。

(一) 專業成長

　　依Hatton和Smith（1995）的研究分析，反思能力可分為：行動中的反思、行動後的反思及技術的合理性。行動研究不僅有助於促使教師自我反思能力的應用與訓練，更是幫助教師提升教學專業與品質的具體實施途徑（簡梅瑩，2008）。於是，老師就認為「省思變成一種習慣（R[2]32）」、「對於教學有反思的能力（R33）」、「我會不停思考如何運用在教學上（R27）」等。

　　教師主動進修碩博士學位，除了現行制度在薪資晉級方面有誘因之

---

[1]　*本文問卷以Google表單製作，網址為https://goo.gl/forms/ufkfNhnnPlP2FEvd2

[2]　R代表回應Response。以下代號皆同。

外，教師追求自我專業能力也應是預設的目標之一，因此許多老師表示完成行動研究之後，其「課程設計能力提升了（R2）」、「更清楚教學的脈絡（R3）」、「教學素養提升（R6）」、「教學品質之提升（R7）」，甚至具體指出「對研究主題（協同學習）更有信心，並發展出屬於自己的協同模式（R5）」，以及「在完成行動研究之後，我最大的改變是上課之前一定會備課和轉化課程這兩件事情，備課讓我瞭解教學重點，掌握重點後會根據學生的特性再轉化成他們理解的方式教學（R8）」。也有老師表示「會依照行動研究的步驟思考我的教學設計，在設計課程時會特別思考內容是否符合能力指標，並思考教學中心目標進一步設計課程，變得較有結構性。（R9）」

當然也有老師深受影響，提及其「研究中採用的教學法，經過不斷反思及修正，更能抓到方向、注意細節及瞭解其優點，提升教學品質。目前仍持續使用採用的教學法。（R13）」或者應用其習得之研究方法於教學中：「由於行動研究有用到質性分析，於是上課時我便會開始分析學生的行為舉止或上課反應狀況。加上有寫過研究分析，便較會引導學生從不同面向看問題的可能性答案。（R19）」或老師表示「部分的策略會留在自己的教學中。（R21）」或「更瞭解如何依據學生的個別狀況去設計合適的課程，並且適時地進行調整與修正（R29）」等。

(二) 專業自信

行動研究之後，專業成長是必須的，但專業自信的提升也是重要影響。如教師認為「對教學專業發展的自我期望提升，會主動投入教學研究、參與研習、閱讀文獻，以更開放、正向的態度看待教學對話、分享；同時，持續以研究時建立之教學規劃模式落實教學前準備（R1）」，也提到「較有經驗和自信去解決教學現場的問題（R14）」。尤其在教學策略方面，也表示「修業期間自我增能，且發展出不少教學策略，持續運用在班級教學中，獲得極大的教學滿足感及肯定。（R24）」此外，在班級經營方面「走出自我成長的第一步，在

教學與班級經營中，有了很大的進步，也敢和同事分享心得，自信增加
了喔！（R34）」

(三) 敏覺問題

　　行動研究的特性是依研究者（行動者）的場域觀察，發現問題，擬
定策略計畫進行問題解決。歷經行動研究完整的歷程之後，教師即表示
「從事行動研究讓我更能敏覺於教學上的困惑，試圖尋求解決與改善的
途徑與方法。另外行動研究過程中同儕教師的協同研究歷程，也幫助我
在往後的教學中，善用同儕共備模式，規劃教學活動，共同商討課程與
教學問題。（R11）」也有老師養成了思考問題的習慣：「常常思考：
還有什麼方法可以實施在教學上。（R16）」或者「會以更敏銳的角度
來觀察教學上的可能問題與困境。（R18）」有些則表現在對學生觀察
與理解上：「對學生表現的態度不像以往那樣極端──馬上就認定學
生不肯努力，會較有耐心地分析學生爲何表現不好、深思有無補救措
施。（R22）」

　　除了上述的不同感受之外，許多老師其實是同時兼有許多改變的體
悟，如「在面對教學上的困境，或是有興趣的議題時，會比以往有概
念，更加主動去思考、設計有哪些方法可以幫助改善，也懂得前後對照
比較改善的成效有多少，並在過程當中隨時修正，請益其他的教學夥
伴，尋求更多的資源協助。（R30）」又有些老師特別在學生面向有所
感悟：「主要在評估學生表現方面。當學生表現出狀況時（不管是學業
或行爲），會花較多的時間與之對話，嘗試瞭解、分析與記錄原因。另
外在班級經營與教學方面，會花時間聽聽學生對於班級規定與教學方式
的看法與執行成效。（R31）」誠如某老師認爲「最大的改變是，教師
對本身教學專業產生自信心，對學生問題有較敏銳的察覺能力，能反思
並修正調整教學方式，也藉由研究過程解決現場遭遇之問題，激發自己
更進一步研究其他課程領域之動機。（R35）」這是一股能在教學生涯
中，持續前行的力量。

三、「不變」的是什麼，爲什麼？

完成了行動研究，取得了學位，一切有了變化，但也有不變，甚至有「回復原貌」之境況，如船之過水，無聲無痕。觀諸過往相關探討，指出其困境在於教師工作忙碌，缺乏主動研究的動機，也缺乏深入批判反省的能力，研究完成後也苦於不知如何呈現行動研究的成果，也會面臨建立批判對話社群的阻礙等（劉祐彰，2007）。以下爲教師對於其「不變」之省思與理由說明。

(一) 時間不足，動機減弱

實施行動研究的那些日子，一些原本有利於檢視自我的作爲，似乎因爲「時間」，而有很多的改變。諸如老師表示「教學日誌幾乎忽略了，研究時每節課錄影，課後會與協同老師觀看影帶進行檢討，目前也幾乎捨棄不做（僅有特定幾節課，如社群公開課，才做）。級務工作繁雜是原因之一，細瑣的觀察紀錄、討論非常耗時，更是關鍵，我會覺得應該把有限的時間花在更急迫的事情上（R1）」或如「想爲學生做的事很多，卻無充分的時間可進行（R3）」；或者認爲「教學時間不足，有些體驗教學和合作學習討論需足夠時間才能達到成效。（R7）」

教師也表示研究中與實務現狀是不同的：「我覺得是進度壓力的問題，在進行行動研究中，往往會碰到要補充學生背景知識，或者發現此種教學不適合要換別的教學法，時間會一直被壓縮，如果碰到學生討論時時間拉得更長。（R8）」面對繁雜的教學事務，「時間是不夠的。你的上課時間是一定的，也有一定的教學內容，若進行行動研究需花很多時間進行，且活動後還要進行反思，討論，修正，再執行，這會增添教師許多工作量。（R20）」

(二) 學生狀況與家庭問題

　　教師對於目前各式各樣的學生狀況及多元的家庭問題，感到無力。致使原本的行動研究無以施展，或熱情被澆熄。如「班上學習成就落後的學生，在課程方案實施後，仍然未顯著為其帶來學習上的精進與突破，就想放棄了。（R11）」有些特殊情況的學生，也會帶來困擾，如「特殊生的學習成就仍有待教師個別補救、指導；孩子需要較多的學習時間（R12）」或「學生原生家庭的問題，只能儘量在任教的兩年內幫助他；協助下一任老師儘快瞭解他的狀況。（R14）」、「學生的學習條件、優劣勢不同，行動研究結果只適用部分學生，無法類推到所有學生。（R15）」或者認為「學生既定的家庭背景與家庭生活習慣，如：偏差行為、學習支持系統若無家庭端的配合，學校教師的持續引導怕恐事倍功半。（R18）」

　　對某些老師而言，行動研究的成功，也許是一時的，因此「有些課程是因學生的不同而有所差異，一次的成功不一定會形成遷移。（R21）」，甚至「學習表現落差的問題仍然存在，甚至在行動歷程中，覺得高低分組的分歧更明顯。可能是因為教學行動讓高分群的孩子體驗到新鮮的教學、激發其表現的動機，而對程度差的孩子來說卻是愈感自卑的負擔。（R22）」這類反向的結果。

　　教師實施行動研究，看似美事，但老師認為「行動教學被視為少數人的事情，對於多數老師們來說，多一事不如少一事。對於家長們來說，老師做什麼都不如孩子們的成績來的重要。所以，實施者常有無力之感受。教學時數不足，也無法克服，僅能如蜻蜓點水一般，點到為止，有做就好。（R34）」或者與同儕之間的合作，「有些課程如果可以與其他科教師搭配，可以發揮更大的學習效果，但同事往往參與意願不高。（R29）」諸此種種，於是老師感嘆「完成行動研究後，無法提升自己在下一班的孩子身上進行相同課程的意願，因為完成論文後已經累了，也膩了，若有再一次機會寧願玩另一個題材較有新鮮感。所以無論課程設計好壞，行動研究的教案讓我感覺是『一次性教案』，這其實有點可惜。（R9）」

(三) 學校的制度文化

　　如果企業最重要的是人才，學校的競爭力便是教師的專業。可是「學校行政往往注重辦理活動，並逐年增加，要求成果，壓縮教學時間。為求跟上進度，有時會減省內容（R13）」、「教學進度。有時學校有活動或因不可抗力之因素停課，既有的進度，很容易受到影響。（R33）」或者具體的指向評量的因素：「學校定期評量的方式與題型是重要原因。因為班級數眾多，每位導師各有其專業自主，定期評量之題目類型，較難有共識的進行調整。（R31）」於是老師們感受到「制度面的或是結構性的問題，例如：我發現某些學生在課堂中重新對學習懷抱希望，也許立即提供密集式的補救教學墊高他們的學習起點，但現實面，沒有彈性，沒有時間，更沒有人力。學生很快地又回到『客人』的身分。（R32）」

(四) 社會環境的期待

　　一般認為教師身處於學校之內，應該不會受到外在社會環境過多的影響。然而，現今教育現場在家長意識高張及各界的關注之下，教師總是不免受到社會環境的期待所牽引。教師自陳「自己對於平均成績的排名仍然執著，這來自職場的氛圍。於是教師以學生成績作為自我肯定的侷限。（R5）」或「外在環境、升學考試都無法憑個人之力撼動。（R28）」於是老師認為，雖然「大環境有變，但極緩慢（R25）」；甚至有老師灰心的認為「老師不會『主動』進行行動研究，這件事是無法改變的。因為沒有足夠時間進行行動研究課程，也不願意一起花時間、精力，另外志同道合夥伴也難尋。（R2）」不過，仍然有老師持著正向的看法：「我在行動研究中設計的課程，並非是現行規定的正式課程，如祖孫共學課程，這需要教學者投入心力推動，學校的支持與家長的配合，多方的長期合作，才能讓教育的種子持續成長，有所收穫！（R30）」

　　許多研究證實教師文化中存在著「反智文化」，尋求改變的老師通

常會遭到同儕老師的攻擊。此外，教師也擔心自己做不好，學生不能接受，家長反對，若學校內沒有支持者，不啻為雪上加霜（郭玉霞、許淑玫，2001）。如上所述，教師行動研究之後，所面臨的困境似與王嘉陵（2004）當年的研究結果，如停留於技術層次的運作、時間不足、協同合作不易等依然雷同。誠如林佩璇（2003）所言，教師在行動研究方面，一直存在著兩難：命題知識的使用者或實踐知識的生產者；工具技術的遵循者或批判反省的解放者；危機處理者或專業對話者；任務分工者或社會行動的合作參與者。於是，教師受到學校制度與組織文化的侷限，甚至華人重視和諧、人情、面子等文化的影響，也習慣運用工具與技術性的思維模式（潘世尊，2014）。那麼，行動研究的不變，該如何改變呢？值得吾人深思。

四、評析與省思

經由上述的整理分析，不禁讓我們思考，這些行動研究的學位論文，究竟是為了行動而研究，還是為了研究而行動。以目前的制度而言，大抵是後者，因為碩博班畢業的門檻是「論文」，就算本來沒有問題，為了要順利畢業，也可能要努力去發現問題。

教師可能為了「急功近利」（可以獲得學歷及薪資上的改變），在便利的行動研究場域，不以實質上解決教學實踐所遇到的問題為出發，只處理容易解決的問題（甚至不是問題），而造成了行動研究的「形式主義」（魏宏聚，2004），如果這是真的，這的確是令我們擔心之處。

筆者身為師資培育者，也是教學行動研究的指導者，總是期待教師在教學行動研究之後，能產生「利人利己」的效應。讓自己無論是課程、教學或其他方面，都應該留下一些足跡，也提升了教學專業，進而促使讓學校教育往「至善」再向前邁進一小步。然而，行動研究的問題大都集中在教師個人本身的關注點，因而多數問題為課程與教學問題的改善及班級學生行為問題的處理，較偏向工具性與實踐性的行動研究（高博銓，2009）。也許應鼓勵教師將學校現場問題解決提升至文化革新的層次，並透過各種獎勵措施激勵教師，促使將行動研究成果寫成

書面報告，成立協同合作的核心小組等方式（劉祐彰，2007）方可改變目前景況。

　　此外，教師可以經由團體成員的「協同反省」發現自我反省的盲點，也可以透過「自我反省」，揭露自我想法與行動中的問題所在（潘世尊，2004）。雖然很多人不敢改變，通常也害怕面對心理層面的衝擊，但我們也看到只有勇敢面對的老師，才能看到柳暗花明的新景象（郭玉霞、許淑玫，2001）。回顧本文之探究，具體的建議有以下四項：

1. **融入學校本位課程**：將教師行動研究成果，透過課程發展委員會規劃，納為學校本位課程，讓此研究得以持續為學校或課堂服務。

2. **成立教師社群研究**：若行動研究可以確實解決校內的問題，何不以行動研究者為召集人，成立教師社群，將教師過往實施行動研究的經驗（或困境），作為教師社群研究的主題之一，亦可研商如何擴展或延伸至其他班級與年段，以擴大其研究效益。

3. **作為教師研討材料**：行動研究的範圍往往只在少數甚至是單一班級之中，研究者可提供行動研究的成果，讓教師對於相關問題進一步討論與思考，再而促進學校更多改進的可能。

4. **行動研究配套機制**：若教師的行動研究結果，確實可改善學校的現況，在行政方面的配套機制，如課務安排、經費的補助、人員的支援等全力支援下，將可讓美好的研究成果，形成一片漂亮的花海。

　　教師的專業自主與專業責任必須再擴展（陳春秀，2002），曾經的行動研究即是堅實可靠的墊腳石。誠如林佩璇（2003）所言，行動研究是教師視野的轉化過程，乃為求專業成長而作行動研究，更應在專業中進行行動研究。何不掌握行動研究未散的熱情，再一次華麗的轉身，持續地帶給孩子們美好的生命經驗呢？

愛就是充實了的生命，正如盛滿了酒的酒杯。

——泰戈爾

參考文獻

一、中文部分

王嘉陵（2004）。行動研究——課程改革的「解藥」或「安慰劑」？**課程與教學季刊，7**(1)，139-152。

林佩璇（2003）。課程行動研究——從專業成長剖析教師的角色轉化的困境。**課程與教學季刊，6**(3)，129-146。

林佩璇（2009）。課程行動研究的實踐論述：從自我到社會文化。**教育實踐與研究，22**(2)，95-122。

高博銓（2009）。教師行動研究的問題與展望。**中等教育，60**(2)，32-46。

郭玉霞、許淑玫（2001）。一個行動研究的故事與省思。**課程與教學季刊，4**(3)，71-88。

陳春秀（2002）。課程行動研究與教師專業成長。**課程與教學季刊，5**(4)，37-56。

甄曉蘭（1997）。教學理論。載於黃政傑（主編），**教學原理**。臺北市：師大書苑。

劉祐彰（2007）。中小學教師進行課程行動研究的困境與省思。**中等教育，58**(6)，22-35。

潘世尊（2004）。教育行動研究中的協同反省：方法與態度初探。**臺東大學教育學報，15**(1)，265-304。

潘世尊（2014）。教育行動研究的困境與挑戰。**教育理論與實踐學刊，30**，119-147。

蔡清田（2000）。行動研究及其在教育研究上的應用。載於中正大學教育學研究所（主編），**質的研究方法**（頁53-76）。高雄市：麗文。

簡梅瑩（2008）。促進反思教學發展與實施之行動研究。**中等教育，59**(1)，22-35。

魏宏聚（2004）。中小學教師行動研究必要性探討。**中國教育學刊，5**，55-58。

二、英文部分

Hatton, N., & Smith, D. (1995). Reflection in teacher: Towards definition and implementation. *Teaching and Teacher Education, 11*(1), 33-49.

Stenhouse, L. (1975). *An introduction to curriculum research and development*. London: Open University.

附表1　97-104學年度中小學教師學歷

	國小 學士	國小 碩士	國小 博士	國小 其他	國中 學士	國中 碩士	國中 博士	國中 其他
97學年	76.41	21.08	0.23	2.28	76.24	22.87	0.27	0.62
98學年	72.35	25.42	0.34	1.89	73.44	25.74	0.34	0.47
99學年	68.24	29.76	0.42	1.59	70.47	28.77	0.33	0.43
100學年	63.68	34.53	0.53	1.26	66.26	32.93	0.46	0.35
101學年	59	39.21	0.58	1.21	61.91	37.01	0.4	0.67
102學年	55.21	43.04	0.74	1	58.73	40.41	0.52	0.34
103學年	51.49	47.02	0.8	0.69	54.7	44.37	0.73	0.2
104學年	47.73	50.75	0.96	0.56	50.76	48.44	0.68	0.12

註：資料來源：教育部統計處。查詢日期：2016年10月23日。單位：%

附表2　95-105年以「行動研究」為論文名稱之研究數量

	行動研究 累積篇數	行動研究 當年篇數	行動研究+ 課程	行動研究+ 教學	行動研究+ 教育	行動研究+ 學習
95年	258	258	45	136	46	39
96年	529	271	50	130	42	61
97年	906	377	49	189	70	64
98年	1,267	361	64	176	72	53
99年	1,634	367	60	194	72	63
100年	2,043	409	73	199	92	72
101年	2,428	385	62	207	69	78

附表2（續）

	行動研究		行動研究+課程	行動研究+教學	行動研究+教育	行動研究+學習
	累積篇數	當年篇數				
102年	2,875	447	85	227	74	105
103年	3,298	423	76	191	67	93
104年	3,653	355	65	159	58	70
105年	3,668	15	2	9	3	5

註：資料來源：臺灣博碩士論文知識加值系統。查詢日期：2016年10月23日。單位：篇。

第十五章

研究倫理議題：
問卷調查不可迴避的挑戰

丁一顧

臺北市立大學教育行政與評鑑研究所教授

兼教育學院院長

一、前言

　　王文科、文智弘（2012）指出，教育研究乃是以科學方法探討教育領域的問題，而且經常是以「人」作爲研究的對象。而既然教育研究是以「人」作爲對象的研究，因此總會涉及道德價值的約束，也就是研究倫理準則的遵守（吳明清，2008），亦即，研究倫理的議題，應該是教育研究者不可迴避的問題。

　　在美國，爲保護參與研究受試者的權益，都訂有明確的研究倫理準則或規範，以爲研究者所遵守。諸如，美國國家衛生局（National Institutes of Health）在2007年修訂公布「機構檢查委員會準則」（IRB Protocol Review Standards）、美國心理協會（American Psychological Association）在2002年修訂公布「心理學家倫理原則及行爲規範」（Ethical Principle of Psychologists and Code of Conduct）、美國公共意見研究協會（American Association for Public Opinion Research）在1994年修訂公布「倫理法典」（Code of Ethics）等，由此可見，研究倫理議題應該是教育研究相當重要的問題。

　　相較於質性研究而言，國內量化的問卷調查法在研究倫理上的重視，總是較顯不足。然而，隨著人體研究強調研究倫理議題之際，相關研究機構也開始關注人類研究的研究倫理。諸如科技部（原國科會）於2013年發布「行政院國家科學委員會推動專題研究計畫人類研究倫理審查制度第二期試辦方案」，規範專題研究計畫主持人應於研究計畫書中，事先評估計畫執行之人類研究是否符合研究倫理原則；另外，如研究計畫經科技部認定應送研究倫理審查者，則應將專題研究計畫送請研究倫理審查。基此，國內量化研究的問卷調查也開始強調研究的倫理議題。

　　本文旨在探究問卷調查的研究倫理議題，具體而言，本文首先說明問卷調查研究倫理的必要性；其次，則闡述問卷調查的案例回顧與倫理檢視；最後，則作一結論，並據以提出未來實施問卷調查時，於研究倫理議題上所應注意的事項。

二、問卷調查研究倫理的必要性

　　林天祐（1996）於歸納相關研究後發現，從事教育研究所應遵守的規範包括：尊重個人的意願、確保個人隱私、不危害研究對象的身心、遵守誠信原則、以及客觀分析及報告。

　　吳明清（2008）則指出，教育研究的倫理考量主要包括：(1)研究價值的實現；(2)受試者福祉的關心與保護。其中，有關後者較具體的方法是「業經瞭解的同意」（informed consent）以及「保密」（confidentiality）等原則。

　　而綜觀以往教育研究領域之相關實徵研究中，於研究中有特別論及研究倫理者，大都以訪談研究、（準）實驗研究、個案研究、觀察研究法等為主。至於，問卷調查法則較少提及，然以林天祐（1996）、吳明清（2008）之研究發現，研究倫理議題並未僅侷限於特定之研究方法，也就是說，問卷調查應該還是要遵守相關之研究倫理規範。

　　其次，根據科技部所發布之「行政院國家科學委員會推動專題研究計畫人類研究倫理審查制度第二期試辦方案」，及科技部於2015年1月12日，以科部文字第1040003540號函針對專題研究計畫有關「人類研究」之補充說明提及：所謂人類研究係指行為科學研究以個人或群體為對象，使用介入、互動之方法或使用可資識別特定當事人之資料，而進行與該個人或群體有關之系統性調查或專業學科的知識探索活動者。」亦是統一規範所有量化與質性之研究調查皆應遵守。

　　再者，於前述函件之補充說明中，亦另規定：「研究計畫非以成年人、收容人、原住民、孕婦、身心障礙、精神病患、及其受不當脅迫或無法以自由意願做決定者為研究對象，且符合下列情形之一，得免送倫理審查委員會審查：(1)於公開場合進行之非記名、非互動且非介入性之研究，且無從自蒐集之資訊辨識特定之個人；(2)使用已合法公開周知之資訊，且資訊之使用符合其公開周知之目的；(3)於一般教學環境中進行之教育評量或測試、教學技巧或成效評估之研究。」顯見只要與此規定不相符者，仍需進行研究計畫之倫理審查。

　　準此而論，本文認為，研究倫理是教育研究相當重要的議題與實

務，其中，不管是量化或質性研究似都應加以遵守，亦即，問卷調查法也不可排除於其外，具體而言：「教育研究倫理乃是問卷調查不可迴避的議題與實務」。

三、問卷調查的案例回顧與倫理檢視

(一) 案例一

甲教授想要瞭解校長領導行為與教師專業學習社群之關係，於是採問卷調查的方法，以分層比例隨機抽樣的方式，抽取○○市國民小學800位教師參與問卷填答。而問卷主要是透過校長幫忙發放與回收。問卷發放一星期後，甲教授即收到一份參與此次問卷填寫教師的回覆，指責甲教授要調查校長領導行為怎可透過校長發放與回收問卷，也指出其學校校長領導的種種問題和疏失，並說如果真實填寫，讓校長看到不是很難在學校繼續待下去嗎？

(二) 案例二

乙教授想要研究校長領導行為與教師教學效能的關係，也是採問卷調查法，並以○○市國民中學700位教師填寫問卷，問卷的收發主要是委請各校教務主任協助。問卷寄出後，乙教授收到一份參與此次問卷填寫教師的問卷，並於問卷空白處寫到：「問卷首頁說明欄提及問卷填寫後，請以所附之回郵信封寄回，不知您是漏寄或是忘了寄回郵信封呢？」

(三) 研究倫理檢視

就林天祐（1996）與吳明清（2008）對研究倫理之觀點來看，本文認為此兩問卷調查應該有研究倫理之問題。首先，在案例一中，研究者請老師填寫校長的領導行為表現，並要教師將填完之問卷繳交給校

長，對教師而言，可能會因擔心所填寫的結果要是沒有符合校長的期待，是否會遭校長秋後算帳，而此可能就會「危害研究對象的身心」及違反「保密」等研究倫理原則。

而在案例二中，研究者雖於問卷首頁說明欄載明問卷填寫後，請老師以所附之回郵信封寄回，但實際卻沒有附上回郵信封。而此也有違「誠信原則」，並連帶無法「確保個人隱私」，以及可能會「危害研究對象的身心」。因為，讓填寫問卷的教師將問卷繳給學校統一寄回，此過程將有可能會讓學校知道哪份問卷是哪位老師填寫，甚至所填寫之內容更是會完全展露無遺。

當然，目前一般於問卷調查大都僅於問卷首頁說明欄詳述該研究之「研究目的」、「研究僅作整體分析，不作個別分析」、「問卷無需記名」等內容，但對於如果受試者不願填寫此問卷，是否有權利退回問卷，也就是說，所謂「業經瞭解的同意」的研究倫理大都沒有被考慮到。

藉由對前述兩問卷調查之案例加以檢視可知，此兩研究確實存有研究倫理上的問題與缺失。而此亦提醒所有進行問卷調查之研究者，應該謹慎且全面檢視「尊重個人的意願、確保個人隱私、不危害研究對象的身心、遵守誠信原則、及業經瞭解的同意」等研究倫理之確認。

四、結論與展望

本文發現，強調與關注問卷調查的研究倫理是有其必要性；而「尊重個人的意願、確保個人隱私、不危害研究對象的身心、遵守誠信原則、及業經瞭解的同意」乃是問卷調查過程應強調的研究倫理，卻也是問卷調查實務過程中，較常忽略或違反的問題。準此，本文擬提出下述問卷調查所應注意之六點想法，以就教各教育先進：

(一) 問卷調查對象的數量不應是迴避研究倫理的藉口

很多教育研究者總認為，參與問卷施測的對象將近1,000人，怎有辦法顧及研究倫理，其實，研究者可藉由問卷調查首頁之說明欄，清楚

告知每一位受試者有關該研究之「研究目的、不作個別分析、不記名填寫、不願填寫可將問卷退回」等，以充分達成「保密」及「業經瞭解的同意」研究倫理規範。

(二) 不應貪圖一時的方便而造成調查對象永遠的不便

問卷調查最簡單的實施，就是將問卷寄給學校的一位行政人員，並請其抽樣、轉發、回收及寄回，但這中間其實都可能衍生出違反研究倫理的問題。所以，建議要實施問卷調查之研究者，應儘量思考如何降低對受試者的衝擊與傷害，諸如，附上回郵信封讓問卷填寫者直接將問卷寄回可能是一種不錯的方法。

(三) 保護問卷調查對象的福祉是研究工作者的天職

「研究是研究者的任務，問卷填寫卻不是參與者的義務。」因此，當受試者應研究者或學校同事的請託而答應填寫問卷，研究者更應善盡責任，盡一切可能來保護當事人的福祉，藉以回報受試者對研究者研究的付出與協助。

(四) 維護受試對象對研究場域的信任是研究者的任務

「信任是一切教育活動推展成功的關鍵。」而為讓教育研究工作能永續進行，則任何一位教育研究者都應盡一己之責，來維持所有受試對象對研究的信任，否則，未來的研究不但愈來愈少人願意參與受試，而且也可能會因不信任研究，而隨意填答問卷，進而汙染問卷調查之研究結果。

(五) 未成年受試者的問卷調查更應注意知情同意原則

在教育研究領域中，有時所進行問卷調查的對象是學生，而由於學

生是屬於未成年的階段。因此，讓學生及學生家長知道參與該問卷調查的目的，徵求兩者同意參與意願，並告知其隨時有權利退出，亦即，充分展現出「業經瞭解的同意」的研究倫理規範，以避免產生後續研究之困擾。

(六) 問卷首頁說明欄具體闡述研究倫理議題並確實執行仍是關鍵

問卷首頁乃是問卷填答者接觸問卷的起始點，因此，實有必要於問卷首頁之說明欄中，讓問卷受試者充分理解該研究相關議題、本身的權益與福祉等，諸如：研究的目的、參與填答與否之意願尊重、個資保密作為（包括填答者身分隱藏、個別回郵處理、及資料分析等）、資料處置與運用、以及受試者之相關權益等。當然，確實執行所提之各項倫理規範，應該才是關鍵。

「教育研究乃在增進教育的發展，而保護教育重要他人的福祉則是教育發展的重要任務。」因此，如何確保問卷調查實施過程，關注並強調參與受試者的福祉，實在是當前教育研究者應該隨時自我省思與警惕之處。

參考文獻

王文科、王智弘（2012）。**教育研究法**。臺北市：五南。

林天祐（1996）。認識研究倫理。**教育資料與研究，12**，57-63。

吳明清（2008）。**教育研究：基本觀念與方法之分析**。臺北市：五南。

第十六章

他律到自律：
談論文抄襲與未適當引註

李涵鈺

國家教育研究院教科書發展中心助理研究員

一、前言

　　筆者擔任助理編輯及執行編輯的經驗，因此有機會看到期刊投審過程中的一些問題，其中包括違反學術倫理的不當行為，如一稿多投、未適當引註[1]、掛名排序等問題。就期刊審查端而言，一稿多投的問題可透過網路搜尋篩濾，稍加避免；作者序列的問題，理應由貢獻度來排序，但涉及作者間或不同領域間的約定或俗成，期刊編輯很難加以置喙；而未適當引註所引發的抄襲剽竊，其實是更細膩的內容原創問題，較難於短時間立即發現，但卻是不容忽視的倫理議題，筆者即曾遇過某一稿件，經比對後，因多處內容與他人已出版著作之部分段落文字雷同而退稿的案例。在國科會判定的案件中，也以引用他人文獻或論文內容未註明出處所涉及的「抄襲」案最多（黃以敬，2005），網路科技的發達，使得複製貼上更為容易，基於抄襲現象嚴重，不僅有專門抓抄襲的電腦軟體問世、討論抄襲的學術研討會舉辦（田芳華，2008），還出現因應抄襲現象的網站組織，[2]顯示該問題的嚴重性與受關注程度，因此引發筆者的好奇，欲就學術剽竊議題進行初步探討。本文先討論抄襲定義，再討論國際期刊的做法、避免抄襲的方法，最後提出建議策略及省思。

二、什麼是抄襲？

　　根據Merriam-Webster（n.d.）線上辭典，抄襲／剽竊（plagiarize）意指：

- ・偷竊（別人的想法或文字）並當成是自己的：使用（別人的作品）而沒有註明出處。
- ・著述偷竊罪：從既存來源取得的想法或作品呈現為嶄新而原創。

---

[1]　本文所談的「未適當引註」是指作者有引用資料卻隱藏參考來源，未列出引用來源。不管是依APA或其他引註格式，在寫作時若有引用，都應適當引註。

[2]　參見http://www.plagiarism.org/，筆者將"plagiarism.org"譯為「抄襲防制組織」，該網站組織偏向防備及制止抄襲的現象，有教育及宣導的功能。

　　根據抄襲防制組織（Plagiarism.org）所定義的抄襲（plagiarism）是：「將別人的作品當作是自己的；複製他人的文字或想法而未註明出處；未將引用文字標在引號裡；對引用來源提供不正確的訊息；改變文字但複製句子結構而沒有註明出處；無論是否註明出處，從一個來源複製很多文字或想法，而讓它成為文章的大部分」（What is plagiarism, n.d.）。出版管理委員會（Council of Writing Program Administrators, WPA）界定的抄襲發生在寫作者刻意使用他人的語言、想法或其他原創的（非一般知識）材料，而沒有標註資料的來源（Council of Writing Program Administrators, n.d.）。即使是非刻意，僅是複製一小部分他人的作品而未適當引註，仍可能被視為抄襲（Elsevier Publishing Ethics, n.d.）。由此可知，雖然大部分的情況可藉由引註資料來源來避免抄襲的現象，然而若大範圍的引用某一資料來源的文字或想法，也可能構成抄襲，並使文章的原創性降低。

　　以其他語言重複發表，是否構成自我抄襲（self-plagiarism）？就Elsevier出版編輯的原則為例，如果兩個期刊的研究屬性與使用社群相同，就會被視為重複發表，若文章發表在當地及國際性期刊，應在兩個期刊皆同意的狀態下，且主編認為文章的重要性以及重複發表可以觸及不同的讀者才能成立（Elsevier Publishing Ethics, n.d.）。美國心理學會認為重複發表不僅扭曲了知識的基礎，且浪費編輯與審查的時間和心力（American Psychological Association, 2010），並不可取。較可行的方式是採用新的方法或理論重新分析已發表的資料，但需注意重複材料的比例不可過高，在內文相關段落，如在方法或結論處須註記哪些原始資料先前已發表過，在參考文獻中也需引註原始發表作品（American Psychological Association, 2010），也就是說兩者的相關性與差異性需讓讀者能清楚知悉與判讀。

三、一般國際期刊的做法

　　針對防制抄襲剽竊的問題，筆者原本的想法是學術研究倫理應是作者自行負責，搜尋國際期刊的做法後，發現他們都有一些準則規範，對內容品質進行把關。出版倫理協會（Committee on Publication Ethics, COPE）制定了期刊編輯行為準則與最佳實踐指南，陳述了期刊出版商和編輯的義務和責任，包括保護知識產權和版權、培養編輯自主性等，在知識財產權方面特別提到，「編輯應注意知識財產權的問題，並與出版商合作來處理違反知識財產權法和公約的事件」，最好的處理做法，包括透過適當系統檢測投稿作品是否有剽竊行為，支援那些版權受到侵害或文章被剽竊的作者、維護作者的權利並徹查犯罪者（如要求撤稿或從網站上刪除文章）（Committee on Publication Ethic, 2011），並繪製當有懷疑重複發表、發現抄襲行為、發現虛假數據等情況的處理流程圖，以因應違反倫理原則時所應採取的相應措施。

　　國際期刊對於文章抄襲的處理做法，會依據抄襲的程度及作者的資歷而有相異回覆，最明顯的抄襲形式包括剽竊整篇文章或章節，作為自己的作品重新出版，這也涉及到著作權的侵害，而整篇文章或章節也可能是翻譯形式的抄襲（Wager, 2011）。若是明顯抄襲並經查證屬實，將撤稿並考慮通知作者的服務單位；若是輕微抄襲，會要求作者重新組織抄襲段落或加入直接引用並明列參考來源（Committee on Publication Ethic, 2006）。Wager（2011）在出版規範委員會的討論文中提到，編輯者對於資歷較淺的作者，認為他們的文章抄襲可能是教育或指導不足所致，而非有意為之，因此可能要求年輕的作者重述（如果在出版前被發現）或發行修正版（如果在出版後被發現）。然而，不管資歷與身分與否，不論意圖是故意欺騙或粗心疏忽，極端的抄襲形式（整篇或整段），仍被視為是有意，甚至侵害到著作權。

　　對於抄襲的偵測比對，現在不少國際期刊如 *Elsevier* 和 *Springer* 等，都有採用比對軟體和系統（Butler, 2010），[3]提供編輯者將稿件和已出版的學術文獻資料庫，以及網路上免費提供的資源作比較，進行相似性文本的偵測與檢核。可見，期刊編輯也負有維護研究倫理與學術誠信的責任。

　　臺灣很多學校也都導入論文原創性審查系統，作為防止與檢驗學術

---

[3]　參見www.crossref.org/crosscheck.html

抄襲的工具，如臺灣大學採用iThenticate系統，臺灣師大採用Turnitin系統，提供校內教師將文稿與國際期刊資料庫進行文字比對，協助檢查出是否有不適當的引用或潛在的抄襲，希望能提高文章的原創性。這些比對軟體大都針對英文稿件為主，針對中文字體方面，以《教科書研究》期刊為例，今年採用「中文論文原創性比對系統」進行中文稿件初步檢查比對，希望能避免抄襲、未適當引註或引用過當的情形，提供編輯進行初步評估後再送審查。目前這個先行過濾偵測的系統，可於幾分鐘內提供每個段落相似文字的百分比，以紅字顯示相似文字之段落，並提供與該段內容相似的可能原始出處。若該段內容都以紅色顯示，又無適當引用，則可能有抄襲或未適當引註之情形，藉以提醒編輯人員特別留意，對抄襲行為的偵測與警示，具有某種程度的助益。然而這些偵測系統或軟體需要額外的花費，也不是萬能，文字比對軟體只能偵測同語言的抄襲，若翻譯他人或自己的作品，很難偵測得到，然而這也屬抄襲的範疇。

四、如何避免抄襲？

目前科技資訊發達，便於從網路上獲得各項資訊，若不留意，抄襲的現象更容易發生，而光靠期刊及審查等外在的檢核與審視，倒不如作者在寫作時就恪遵學術倫理，謹慎處理研究及寫作的每個流程。抄襲防制組織提供了幾個如何避免抄襲的資訊（Preventing plagiarism when writing, n.d.），歸納如下：

(一) 有效率的勤做筆記

開始寫作前的文獻閱讀，應妥善記下完整的筆記，筆記做得不好會導致許多問題，包括不適當的引註和誤引，而這兩者都是抄襲。為了避免來源混亂，抄襲防制組織建議使用不同顏色的字型或筆，確保可以清楚分別出自己的概念和他人的概念。此外，應習慣性的標示頁數，並確保已記下所有來源的書目資訊或網址，以供後續或校閱時的確認與查證。

(二) 重述的必要

重述是用自己的話重新敘述其他人的想法，會改變原本的文字和句構，而不改變內容，所以即使用自己的話改寫，這些概念仍是從其他來源而來，重述過的段落仍然需要引註。

很多人常會誤解，覺得應該要隱藏自己依靠其他來源的事實，其實運用品質好的資料來源來支持論述，能讓文章更具說服力，且好的重述能讓原本資料的概念更平順地與自己的文章融洽接合，刪去無關的資訊，突出所要強調的重點，適切的重述有其必要。

(三) 分析與評價資料來源

引用與研究直接相關的文章，除了讓閱讀者瞭解該主題相關的過去研究，也提供了與前人研究呼應或相異之處，若全然未引用具代表性的資料來支持論述或提供批判性的討論，也易使得研究的獨特性與學術貢獻難以凸顯。然而，並不是網路上所有的資料都值得引用，事實上，它們很多都是錯的，作者要分辨出哪些資料來源是可靠的、正確性、可提升寫作品質。所以不只是複製資料來源的概念，更要進一步去分析與評價，藉由清楚分別從其他來源取得的概念與自己的概念之差異，從而凸顯自己概念的原創性。

五、建議策略

多數學術機構、期刊、專業組織都訂有學術倫理規範，如科技部的研究人員學術倫理規範，有多條與抄襲剽竊相關準則。另外，還有「科技部學術倫理案件處理及審議要點」處理違反學術倫理案件，視嚴重程度，可能書面告誡、停止補助、追回補助費用、終身停權等（科技部，2014），這些都是學術誠實的宣稱，透過規範或守則進行外在形式的約束作用。

學校和期刊運用反抄襲偵測工具算是消極的外部技術防堵，雖然誘人，可能有嚇阻作用，惟對作業抄襲或論文剽竊的杜絕成效，有待進一

步探究。就積極面向，筆者相關建議如下：

(一) 開設學術倫理的課程或工作坊

　　學校應重視學生的學術倫理道德，在教育領域，學術倫理的知能一般通常鑲嵌在研究方法的課程中，較難以凸顯出學術倫理的重要性，更遑論會對抄襲議題進行探討、清楚說明抄襲的後果及如何適當資料引用。圖書館雖有資料檢索與書目管理的訓練課程，然較偏向資源管理的傳達角度，建議學校課程應有額外的學術倫理學分，或舉辦外加式、不定期的工作坊研討，加強相關倫理知能，如瞭解學術倫理規範、提供抄襲及其懲罰的案例、討論相關倫理議題等，營造重視學術價值的氛圍。

(二) 建立寫作指導的支持服務

　　學生抄襲的可能原因有：「怕失敗或是不敢承擔自己作品的風險而抄襲、認為抄襲作弊的後果不重要、教師可能假定學生已經學會了適當的學術引用、沒有正確引用資料的知能，或可能指定了特定的作業卻沒有告知學生寫作的義務」（Council of Writing Program Administrators, n.d.），建議授課教師在第一堂課時應有清楚的寫作規範，並指定需要進行深入探討的作業，讓抄襲變得困難且沒必要；另外，建議教師避免只扮演抄襲糾察的角色，應儘量多提供寫作指導的支持角色。

(三) 提供研究倫理支援系統的諮詢

　　不論是研究生或研究員，在寫作時多少都會遇到一些研究倫理問題，卻苦無可諮詢對象，建議科技部或各大學、機構可以設置研究倫理諮詢窗口、QA問答等支援服務，讓研究者在寫作當下或遭遇倫理兩難問題時，能得到即時且適切的諮詢與個別性的回應，釐清疑難問題，裨益學術發展。

(四) 期刊編輯的學術倫理責任

國際期刊除了出版外，對於編輯自主性、研究道德、學術公正性與透明性等政策有準則規範，其中編輯對於稿件抄襲的處理及回應有一定的管理流程，如果在出版前發現未適當引用或疑似抄襲，會給作者一封解釋或教育之信件，且對於不當行為有適度調查的機制，讓涉嫌者有澄清或回應的機會，而不只是單純地拒稿；另外亦接受申訴或投訴，亦即有倫理義務協助調查受指控的文章，顯示出期刊編輯不只著眼技術性的審查與出版，也對教育作者負有責任，或許可供國內期刊參考。另外，除了編輯部門消極性的抄襲偵測外，若有比對報告或許也可提供作者參考，為學術倫理提供教育服務，讓更多研究者更保有警覺與敏銳，提高原創性。

六、從他律到自律

本文探討抄襲的定義及國際期刊對抄襲的認定，藉以釐清即使是複製一小部分或以重述方式說明他人的概念，若未適當引註仍是抄襲的行為；大範圍引用某一特定資料、以不同語言重複發表等，也都可能構成抄襲，研究者應特別留意。再者，目前國際期刊及部分國內期刊、大學等機構或有導入論文原創性的審查技術，防制抄襲情形，然這都屬於外在約制，因此，本文提供幾點避免抄襲的做法及建議策略供參。

筆者認為自律的重要性更甚於他律，作者簽署著作利用授權書，聲明著作為著作人原創性著作，未侵害他人之智慧財產權，就是對科學性內容及學術倫理規範負責，不心存僥倖心態。雖然倫理原則可以在解決類似這些糾紛的過程提供指導，但當糾紛涉及個人貢獻之重大意義和性質不同解讀時，僅訴諸於倫理原則不大可能提供一針見血的解決方案（李是慰譯，2009），與其陷入抄襲質疑的模糊地帶，傷名毀譽，研究者在研究歷程及平時寫作時就應對學術倫理與研究道德抱持謹慎與負責的態度，回到研究者個人的自律自重，一方面避免爭議發生，另一方面作好研究，著眼於對教育的貢獻與價值。

參考文獻

一、中文部分

田芳華（2008）。「您能不抄襲！」——淺談學術剽竊。*國立臺灣大學教學發展中心電子報*。取自http://ctld.ntu.edu.tw/_epaper/news_detail.php?f_s_nu m=370

李是慰（譯）（2009）。B. D. Sales & S. Folkman著。*研究倫理：以人為受試對象*（Ethics in research with human participants）。臺北市：五南。

科技部（2014）。*科技部學術倫理案件處理及審議要點*。取自https://www.most.gov.tw/most/attachments/8f229167-4926-41eb-ac21-f84ee4e1dd56

黃以敬（2005，2月）。國科會調查論文抄襲案醫學院最多。*自由時報*。取自http://news.ltn.com.tw/news/society/paper/983

二、英文部分

American Psychological Association. (2010). *Publication manual of the American Psychological Association* (6th ed.). Washington, DC: Author.

Butler, D. (2010). *Journals step up plagiarism policing: Cut-and-paste culture tackled by CrossCheck software*. Retrieved form http://www.nature.com/news/2010/100705/full/466167a.html

Committee on Publication Ethics. (2011). *Code of conduct and best practice guidelines for journal editors*. Retrieved form http://publicationethics.org/files/Code%20of%20Conduct_2.pdf

Committee on Publication Ethics. (2006). *What to do if you suspect plagiarism (a) Suspected plagiarism in a submitted manuscript*. Retrieved form http://publicationethics.org/files/Suspected%20plagiarism%20in%20a%20submitted%20manuscript%20%281%29.pdf

Council of Writing Program Administrators. (n.d.). *Defining and avoiding plagiarism: The WPA statement on best practices*. Retrieved form http://www.wpacouncil.org.

Elsevier Publishing Ethics. (n.d.). Retrieved from https://www.elsevier.com/editors/publishing-ethics

Merriam-Webster. (n.d.). Plagiarize. Retrieved from http://www.merriam-webster.com/dic-
tionary/plagiarize

Preventing plagiarism when writing. (n.d.). Retrieved from http://www.plagiarism.org/pla-
giarism-101/prevention

What is plagiarism? (n.d.). Retrieved from http://www.plagiarism.org/plagiarism-101/what-
is-plagiarism/

Wager, L. (2011). *How should editors respond to plagiarism? COPE discussion paper*.
Retrieved from http://publicationethics.org/files/COPE_plagiarism_disc%20doc
_26%20Apr%2011.pdf

第十七章

從次級資料分析探討教育研究中的倫理議題

黃宇仲

高雄市立鳳翔國中教師兼輔導組長

國立暨南國際大學教育政策與行政學系博士候選人

一、實例說明：承先啓後，運用次級資料分析做研究

　　學界近年來發展大數據（Big data）進行研究，其背後的學理依據便是次級資料分析（Secondary Analysis）。本文將探討次級資料分析進行教育研究時，研究者與資料間的行爲準則，包含研究者進行資料搜尋、選擇、引用、分析、資料呈現等倫理議題。次級資料分析是指將先前已蒐集或研究過的資料再做一次分析，其目的與原本研究之意義不盡相同（王玉民，1999）。簡而言之，次級資料分析就如同廚師（研究者）進入到市場（資料庫），挑選自己適合的食材（資料），並且炒出一盤（量化或質性分析）與之前完全不同的菜色（研究結果），而廚師在炒菜的過程中，不能隨意加料（增修資料），「加料」便是違反研究倫理，即使炒出來的菜有多麼美味，都不能夠呈現出食材的原味。

　　次級資料分析長久以來受到社會科學研究的重視（袁方，2005）。涂爾幹（Émile Durkheim, 1858-1917）以相關資料進行調查分析，提出其著作《自殺論》；馬克思（Karl Marx, 1818-1883）也利用官方經濟統計資料分析，提出「階級鬥爭」（Class Struggle）與「經濟決定論」（Economic Determinism）（張紹勳，2007，516-521頁）；近代美國政府每隔二年便會委託芝加哥大學國家民意中心（National Opinion Research Center）進行全國性普查，以取得大量資料庫（Babbie, 2016）；美國聯邦調查局（Federal Bureau of Investigation, FBI）也以次級資料分析進行交通相關研究（Stewart & Kamins, 1998）；國內也有許多研究中心蒐集大量資料，建立完整資料庫以供後人持續研究，可見次級資料分析扮演著舉足輕重的角色（Church, 2001）。

　　次級資料分析會受到研究者的喜愛，莫過於其爲政府或研究機構經過專家學者們長期累積所發展出具有信度與效度的資料庫模組，對於使用二手資料的研究者而言，雖然資料不比一手資料新穎且研究受到次級資料的限制，但方便性、經濟性、省時性與指標性等皆使研究者躍躍欲試。同時初踏入「學術界」的研究者，使用次級資料分析做研究也較容易上手，對於問卷蒐集的謬誤也較容易避免，因此研究新鮮人以次級資

料分析進行研究具有一定程度的吸引力（Punch, 2014）。

次級資料分析在學術界方興未艾，但在研究的過程中仍受到許多倫理議題的限制，如研究價值與便利性的倫理、資料蒐集與使用中的倫理、統計分析與應用時的倫理議題等，都是研究者不可忽略的重點。

二、問題評析：次級資料分析中所涉及的研究倫理

研究者使用次級資料分析時，經常涉及諸多研究倫理議題，若研究者不察，其研究結果往往受到質疑。以下羅列次級資料分析時所涉及之倫理問題，避免研究者輕忽研究倫理的重要性。

(一) 便於研究產生的倫理問題

次級資料分析因為是擷取前人的研究再做一次分析，此舉與原研究者設定之研究目的、研究問題可能不盡相同，再者次級研究分析使用的數據較初級資料老舊，其結果是否能代表現今教育現象也是一個問號。

次級資料分析是研究者的便利取樣還是對教育現場有所貢獻一直是學術界的爭端，因此有些學者認為次級研究分析的研究價值相對的低於其他研究方法（江亮演等，1999；劉仁傑，2008，第168頁；榮泰生，2011；Rew et al., 2000; Johnston, 2014）。不過，次級資料分析的資料庫通常都是大量蒐集資料，取樣數量比一般研究較貼近母群，是一般研究望塵莫及之處，因此若能找到適合的研究議題，利用具有時近性的資料數據進行次級資料分析，在研究價值與便利之間找到平衡點，並留意結果之推論，透過次級資料分析教育議題的研究，將會對教育現場有極大的貢獻。

(二) 資料使用時的倫理問題

次級資料分析之資料蒐集不像調查研究法，調查研究法係根基於研究設計為出發所蒐集資料，次級資料分析則是研究者從事新的研究目的

和研究問題而蒐集的資料，兩者資料蒐集方式不同，之間差距甚大，要取得平衡實為不容易。

次級資料分析背後會有一個強而有力的資料庫數據供研究者進行研究。然而研究者不能因為資料庫取得統計數據的便利性而恣意的使用資料庫數據，任何資料庫的取得必須徵得原研究者或研究機構的同意後方能使用。使用的同時，研究者為了將資料庫之數據與研究議題貼近，會進行資料整理，整理的過程中必須要忠於原著，除非整筆樣本刪除，否則有遺漏值或極端值，就必須要真實呈現，並在論文寫作上說明。

確定使用某一資料庫數據時，除了得到原研究者同意外，在新的研究論文中也必須要做說明資料庫背景、來源、蒐集資料的方式、回收狀況等，最後在參考文獻亦放置資料庫的資訊，並以APA格式撰寫之，方能符合教育研究的規範。

(三) 質、量研究中的倫理問題

次級資料分析不是量化研究的專利，透過文本分析、政策分析等都是次級資料分析運用於質性研究中的最佳例證。以量化研究而言，運用次級資料分析做研究時，統計數據經過資料處理會與原本研究有所差異。研究者在面對統計結果若不盡人意，則必要忠於結果論述，不能回到統計應用軟體中設定指令而使整個研究結果出現令研究者期待之樣貌，此舉係嚴重的違背研究倫理。

以質性研究而言，次級資料不若量化研究有便利的資料庫，但是質性研究會蒐集許多文本進行分析，研究者與文本的對話中，應忠實的呈現文本內容，倘若文本與研究者立場不同，也應積極的蒐集反證來支持自身論點，不能自行更改文本內容。質性資料蒐集不易，有些研究者為了便宜行事，甚至在資料分析時會有過多的穿鑿附會，使本意完全不同，其研究結果是不具有參考價值。

因此，無論是量化研究或質性研究，使用次級資料做研究時，其資料的使用與呈現皆須保持原本的狀態，不加油添醋，不牽強附會，才能夠確保研究結果的正確性與價值性。

三、對策建言：善用次級資料分析，恪守研究倫理規範

　　為健全學術生態，在教育研究中，時常會使用次級資料作為分析的依據，唯有研究者恪守研究倫理，方能使學術研究更上層樓。有鑑於次級資料分析中所涉及的研究倫理議題，爰提出建議如下：

(一) 「資料庫擷取與選擇」的建議

　　研究者在選取資料庫時，必須要慎選其來源，同時受《個人資料保護法》的限制，取得資料前必須要徵得釋出單位或原研究者之同意方能使用。國內外有許多資料庫資源可以使用，例如：中央研究院調查研究專題中心學術調查研究資料庫（Survey Research Data Archive, SRDA）會不定期釋出各項議題的資料；國際學生能力評量計畫（the Programme for International Student Assessment, PISA）之資料取得相當便利，國內有許多教育相關研究之數據皆從該資料庫取得；而國際教育成績評估協會（IEA）也對全球國中生進行公民素養研究（International Civic and Citizenship Study, ICCS），其資料可逕自擷取並做跨國比較研究，使研究多元全面，更是凸顯次級資料分析的優勢。

(二) 「資料庫引用與處理」的建議

　　研究者取得釋出機構或原研究者同意資料庫引用時，應在文本中以APA格式註明資料庫出處，避免違反《著作權法》，此舉也是尊重釋出單位或原研究者，強化研究倫理。同時在分析資料時，必須要忠實的呈現資料的原貌，不加以增修。而資料的儲存應妥善為之，避免資料外流，以維護釋出單位或原研究者之著作等相關權益。另外，由於資料庫的數據豐富且大量，在資料處理時，應以「另存新檔」的方式處理，不宜將原始資料覆蓋，以免之後若需要原始資料時又要重新申請資料庫，耗費心力。

(三) 「資料庫時序與價值」的建議

　　次級資料分析從1960年代開始便有研究者開始關注調查資料的潛在價值（Babbie, 2016）。使用次級資料分析做研究時，為了凸顯自身的研究價值，資料庫調查的時間應愈接近個人研究時間，若有兩份研究資料，分別為：2000年的調查研究與2017年的調查研究，此時研究者應選擇2017年的調查資料進行分析會較為適宜妥當。其分析結果會與現階段的教育現場較為接近，便於推論至母群，其研究價值更勝一籌。而次級資料分析利用得當會讓研究更為加分，但若過程中有違反研究倫理後果則不堪設想。研究者不能為了研究過程中的「方便」或「顯著」來改變原始資料的樣貌，同時也要徵得原研究者或研究機關的同意，合法取得資料庫數據，方能使用次級資料進行分析。

　　最後，教育研究是國家的根，教育過程是國家的莖，學生成長是國家的葉，學生學成之後回饋社會，同時提升國家競爭力是最後的果實。要讓果實肥美，必須從教育的根——「教育研究」開始。次級資料所使用的資料庫數據，基本上屬於半公開居多，研究者能拿取數據，表示其他單位也能獲得數據，若他人使用相同的數據，根據研究設計與步驟做一樣的研究，但最後結果卻與研究者不同，很容易被發現研究的破綻，因此次級資料分析可以使研究者獲得學術聲望，但稍有不慎也會讓研究者難以立足。是以，善用次級資料分析，嚴謹的恪守研究倫理之規範，方能發現更多教育現場尚未發現的真相。

　　※本文感謝國立暨南國際大學教育政策與行政學系吳京玲教授啟發，謹申謝忱。

參考文獻

一、中文部分

王玉民（1999）。社會科學研究方法原理。臺北：洪葉。

江亮演、賴保禎、張德聰、紀俊臣、江林英基、吳永猛及杜政榮（1999）。**社會科學概論**。臺北：商鼎。

袁方（2005）。**社會研究方法**。臺北：五南。

張紹勳（2007）。**研究方法**。臺中：滄海。

榮泰生（2011）。**企業研究方法**。臺北：五南。

劉仁傑（2008）。**共創：建構臺灣產業競爭力的新模式**。臺北：遠流。

二、英文部分

Babbie E. R. (2016). *The practice of social research*. MA: South-Western.

Church R. M. (2001). The Effective Use of Secondary Data. *Learning and Motivation, 33*(1), 32-45.

Stewart W. D. & Kamins A. M. (1998). *Secondary research: information sources and methods*. New Delhi, India: Sage.

Durkheim E. (1966). *Suicide*. NY: Free Press.

Johnston, M. P. (2014). Secondary data analysis: A method of which the time has come. *Qualitative and Quantitative Methods in Libraries (QQML), 3*, 619-626.

Punch K.F. (2014). *Introduction to social research: quantitative & qualitative approaches*. LA: Sage.

Marx K. (1967). *Das Kapital: Kritik der politischen Ökonomie*. Frankfurt, Germany: Europäische Verlagsanstalt.

Rew, L., Koniak-Griffin, D., Lewis, M. A., Miles, M., & O'Sullivan, A. (2000). Secondary data analysis: New perspective for adolescent research. *Nursing Outlook, 48*(5), 223-229.

第十八章

現代學術研究規範：
邏輯實證方法論與專業自律

何慧群
國立臺中教育大學教育系退休教師
永井正武
日本帝京大學理工學部退休教授

一、前言

「文章千古事，得失寸心知。」千古文章繫於人與道、筆與事間相互印襯、相得益彰。學術研究，知識工作者、研究者運用專業進行眞善美探究、辯證，最後提出條件前提式結論。自專業角度而言，學術研究是：(1)展現研究動機、目的與思維邏輯（Mindset）；(2)型塑專業共識與構建合法性知識體系；(3)應用專業推進社會文明與造福人類福祉。其次，學術研究一如千古文章，接受專業檢驗與否證，更甚者，值此跨科際整合氛圍與發展趨勢之際，學術研究被期待具有創新性（Novelty）、可用性（Availability）與再現性（Reproducibility）效益。

研究是專業取向智性活動，一則理論應用與創新，二則實務分析與改善。新世紀，新思維。面對數位科技開啓變革頻繁的生存境遇與生活場域，教育旨趣功能化，現時性與務實性工具理性發展凌駕規範與價值本質教化教育。在數理邏輯基礎，邏輯實證方法論研究範式有後來居上之勢，甚或取代主觀取向詮釋學方法論研究範式。邏輯實證方法論主張：(1)現象是客觀的實在；(2)依據數理邏輯創造出對客觀存在容易理解與視覺化的拓撲空間（Topological Space）概念；(3)依據測不準原理，以局部確定性思考模式取代傳統大理論之演繹邏輯思維。

綜合上述，本文旨在指出：(1)在數理模式（Mathematical Modeling）支援下，替代性研究方法論（Alternative Research Methodology）已然形成；(2)知識工作者踐行專業自律，一則積累與維護專業集體公信力，二則體現個人專業覺識與參與行動（Drucker, 1999）；(3)值此數位化與資訊化紀元，跨科際學術研究方法論亟待正視與構建之。其次，運用5W1H與MSM數理工具構建與表徵本文相關要素與脈絡詮釋，藉以凸顯：(1)兼顧專業實踐與科學理性的研究活動；(2)概念結構分析數值化與視覺化；(3)架起溝通平臺與後設論述依據。

二、研究執行

研究始於現象、問題、理念、發想、腦力激盪等，據以型塑研究動機、計畫與研究目標，依據相關文獻、文件資料、樣本進行處理，最

終，提出前提式結論與建議。其中，就文獻分析、實證樣本、註解與詮釋，分析如下：

(一) 文獻分析

　　依據朱熹「論語集注」，文獻是：「文，典籍也。獻，賢也。」自學術研究角度而言，文獻是與待研究主題相關的資訊或資料，文獻分析意指：(1)針對文獻內容進行彙整、耙梳；(2)對文獻內容進行客觀、系統性解析；(3)自過往敘述、解釋當下與預測未來。基於文本多義與多詮釋（Allen, 2003），或文本不存在確定性、文本具再生產性（Silverman, 1989 ed.），文獻分析不無主觀之見之嫌，而成一家之言亦非不可多得。其次，文獻分析不同於文件分析，前者側重於脈絡理解，就蒐集文獻進行旁徵博引、交叉檢證；後者進行資料解析前，難以掌握文獻正確性、代表性與完整性，但多了時空背景宏觀敘述。

(二) 實證樣本

　　研究分析用樣本，樣本大小是關鍵，M. Nagai提出與證明11樣本即可進行研究（山口大輔、赤羽根隆広、水谷晃三、李國棟、永井正武、北岡正敏，2006）；其次，樣本通過檢定與無雜質（Data Clean）方具有效性，是謂有效樣本。以教育測驗與評量為例說明之，測驗工具依據雙向細目表（Two-way Specification Table）、Q矩陣（Tatsuoka, 1985）與知識有向層級結構（Ho, 2014）等向度設計之，一則生成研究用有效樣本，二則助益評量診斷與結構分析（何慧群、范德孝、施碧珍、許天維、永井正武，2014）。

(三) 資料分析

　　資料分析首重於界定資料性質與範圍，資料性質涵蓋理論與實務，可量化、準量化與質性資料，資料範圍分為跨科際領域或單一專業領

域；其次，資料量化或數值化（Numerical Value）處理可運用統計套裝軟體、數理模式，對於跨科際與單一專業領域資料分析，研究工具貴於轉化與轉譯資料，最後，在分析與詮釋「他者」（The Other）資料上，跨科際視域與專業素養是關鍵之鑰。

三、研究規範

「事有理、物有形，所以物以類聚。」基於研究乃目的性活動，依循規範推進效益研究，是經驗積累智慧，也是專業認知共識。研究規範分為專業性與道德性，專業性研究規範具制約性，如方法論、科學準則；相較而言，道德性研究規範不具約束力，如專業認同、專業自律，二者共同基礎是專業共識、合法性知識範式。相關研究規範分析如下：

(一) 邏輯實證方法論

面對全球經濟競爭氛圍，歐美陸續提出「再工業化」策略（Levinson, 2012）與構建新工業生產鏈，一則型塑資訊與數位於製造與創新之新商業模式與生活型態，二則在生產思維變革下，追求創意與有用性、創新與可用性價值鏈。基於高教發展功能化態勢，專業研究範式漸次側重於邏輯實證方法論，茲以邏輯規律來轉換／化思想旨趣與概念脈絡。運用邏輯實證方法論範式於教育研究，可見效益：(1)透過操作教育實務逼近「教育文本」（Educational Context）；(2)揭示現代教育「體用合一」實踐話語權的理論基礎；(3)正視理論理性與工具理性不同，尤以工具理性持續進化與應用，可見變革如昔日產業革命、今日科技文明，以及明日智慧取向經濟效益與物質文明。值得關注的是，詮釋方法論與邏輯實證方法論各有側重，後者運用於精神科學與複雜社會行為科學不無化約之虞。

(二) 科學準則

　　研究、學術研究是科學化智性活動，相關科學準則落實於：(1)研究用工具信度與效度；(2)研究者理性思考或正確思考；(3)研究結果與分析歸納，研究歷程，一則體現演繹邏輯、謬誤分析（Analysis of Fallacy）與歸納論證，二則具創新、有用與再現性。今日，在數據庫、雲端計算與人工智能構建的工作框架，網路社會與實體世界互動頻繁，標準化、開放系統互聯參考模型（Open System Interconnection Reference Model）（Mitchell, 2016）是新興科學準則基礎。

(三) 專業自律

　　有鑑於二戰期間病理醫學實驗、Stanford Prison Experiment、少數族群人種實驗等，相關道德倫理議題研究成為學術界共識。今日，不當研究行為如侵害人權尊嚴、學術造假、變造、抄襲、選擇性引用研究成果，可見影響：(1)凸顯個人價值選擇高度；(2)有害專業公信力；(3)無視專業論證理性旨趣。對於具爭議性的研究行為，執令致之，利欲薰心、「惡小而為之」、取樣概然性、沽名釣譽、專斷性，至於研究生態潛規則不無助紂為虐之嫌。其次，研究、學術研究是具專業性與目的性的智性活動，專業自律不是研究的焦點，然其重要性有如不容小覷的默會知識：(1)在研究旨趣中踐行專業福祉；(2)在研究歷程中展現分析、判斷、推論與論證專業素質；(3)在專業福祉中積累專業公信力。

　　綜合上述，就研究資料與研究規範關係予以視覺化（見圖1）。

四、研究工具與實例

　　學術研究在確定研究目標後，一則參考相關文獻，二則選擇研究工具，第三檢證有效樣本，據以進行結構分析與結論。基於學術研究是專業與科學理性的活動，研究歷程排除人為主觀因素成為充分或必要條件，研究工具選擇變得重要，更甚者，研究工具功能影響研究良窳。依據數理邏輯發展的數理模式，助益研究歷程構建概念脈絡命題與創新詮

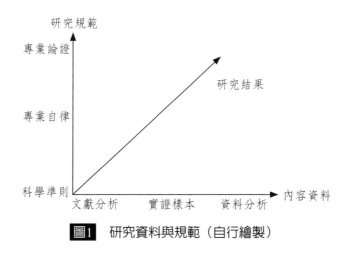

圖1　研究資料與規範（自行繪製）

釋體系（Ho, et al., 2016a; 2016b; 2017），成爲現代學術研究不可忽視的研究工具。

　　運用5W1H六何法與Matrix based Interpretative Structural Modeling（MSM）爲研究工具，藉以落實質性與量化並重的結構分析。5W1H是Nagai於1989年運用於學術研究（Nagai, 1989），藉以結構性萃取要素語彙、語彙屬性及其旨趣；繼而，進行語彙要素大小、強弱關係「準」量化比較，以及依據量化後大小排定語彙重要性之優先次序與組成序列。MSM是Nagai於2013年提出（Nagai & Tsai, 2013），一則揭示各離散集合間之多重關聯關係，二則視覺化整體與局部集合之邏輯關聯關係。

　　運用5W1H與MSM於教育研究，旨在：(1)落實科學理性於教育實務操作（何慧群、永井正武，2016a）；(2)示範兼重質性與量化研究之新教育研究範式；(3)研究相關思維邏輯視覺化。5W1H與MSM操作分爲以下階段：(1)依據5W1H自傳統與現代學術研究擷取相關要素（見表1）；(2)評比列舉要素與依據5W1H構建學術研究重要要素（見表2）；(3)運用MSM進行可達矩陣運算，可得要素有向結構圖（Digraph）（見圖1）。

表1　傳統與現代學術研究要素構建

5W1H	傳統	重要性比較	現代	5W1H	傳統	重要性比較	現代
who	高教工作者	=	高教工作者	where	實證樣本	≦	檢驗樣本
		v	知識工作者		概念定義	≦	概念指標化
		v	研究工作者			v	實驗
what	量子實證論	≦	邏輯實證論			v	模擬
		v	專業共識	why	求真	v	
		v	知識合法性		求正	v	
	知識規範性	≧	知識結構		求好	v	
	知識操作性	v				v	信任基礎
how	研究方法論	=	研究方法論			v	精確原則
	體一知識論	≧	科學觀認知			v	體現美善
	研究工具	≦	用一研究工具	when	專業自律	=	專業自律
	應用科學	≦	機械與科技科學			v	科學準則
how	自然科學	≦	自然與生態科學	when		v	普遍性
	社會科學	≦	社會與行為科學			v	有用性
	人文科學	≦	人類與動物醫學			v	創新性
		v	生物與科技科學			v	標準化
	量化研究	=	量化研究			v	相容性
	質性研究	=	質性研究			v	再現性
		v	大數據／數位化	for what	解決問題	=	解決問題
	文獻	=	文獻		典範轉移	=	典範轉移
	文件	=	文件			v	創新理論
	數據	=	數據			v	效益
		v	數值			v	客觀
	統計學	=	統計學				
		v	數理模式				

說明：1.=，代表傳統與現代共有要素。

　　　2.≧與≦，要素比較取大者。

　　　3.v，代表新增或沿用要素。

表2　5W1H與現代學術研究要素構造

學術研究 / 5W1H	who	what	how	where	when	why	for what
要素	高教工作者	專業共識	研究方法論	實證樣本	科學準則	信任基礎	效益
	知識工作者	邏輯實證論	體—知識論	概念定義	專業自律	精確原則	客觀
	研究工作者	知識合法性	用—研究工具	實驗	普遍性	體現美善	解決問題
		知識規範性	機械與科技科學	模擬	有用性	求真	創新理論
		知識操作性	自然與生態科學		創新性	求正	典範轉移
			社會與行為科學		標準化	求好	
			人類與動物醫學		相容性		
			生物與科技科學		再現性		
			量化研究				
			質性研究				
			大數據				
			文獻				
			文件				
			數據				
			數值				
			統計學				
			數理模式				

　　依據表1，知識結構與知識規範性、科學觀認知與體—知識論、概念指標化與概念定義成取代與被取代關係，首先，現代知識結構要素主邏輯層級結構的知識體系，傳統知識規範性要素屬概括性概念，涵蓋自然科學、人文科學與社會科學。其次，現代科學觀認知可回溯於傳統原子實證論、量子實證論，以至邏輯實證論，雖謂邏輯實證論在素樸實證論上進行展延與發展多維思維空間，仍不能否認其具前提預設的科學觀認知，相反的，傳統之體—知識論要素屬哲學概念，有較完整的思想論述與內容，概念指標化取代概念定義象徵學術科學化、客觀化。

　　整合表1，結果見表2，繼而，表2要素進行MSM可達矩陣計算，可

得要素層級結構（見圖2）。圖2顯示：(1)現代學術研究要素層級結構視覺化，助益理解、溝通與後設論述；(2)援用數理模式於學術研究，型塑邏輯實證論科學觀，此有別於素樸實證研究科學觀；(3)社會與行為科學研究分為宏觀現象與微觀個案，前者施行量化研究，後者側重於質性研究。依據生物與科技科學屬性，相關研究自是量化研究，有鑑於大自然生態丕變，生物與科技研究若無科學哲學後設省思，對學術研究與發展初衷不無不完善之失。

　　由圖1至表1、表2與圖2之發展模式與設計，旨在顯示：(1)另類（Alternative）教育研究範式：運用數理模式結構分析教育研究，藉以落實教育科學屬性（何慧群、永井正武，2016b）；(2)科際整合與溝通：面對全球化科技競爭趨勢，教育變革與學校教育旨趣漸次由靜態全人教育觀轉換為動態功能教育認知，教育現代化刻不容緩；(3)教育基礎工程：展望德國工業4.0（Kagermann, Lukas, & Wahlster, 2011）濫觴，新學習型態與教育訴求呼之欲出，教育基礎工程亟待標準化，涵蓋要素指標化、內容結構化、目標層級化與時間效益化。

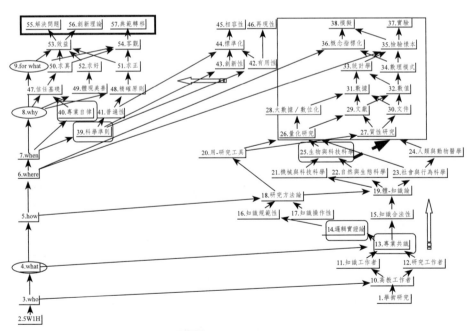

圖2　學術研究MSM

五、結論

「文章千古事，得失寸心知。」做研究、研究結果是否創新、一鳴驚人，可遇不可求，至少藉著研究傳達對專業投入與積累專業公信力。研究旨在求眞、行善與知美，從而學術研究在應用中修正改善與精益求精，體現理性與智慧結合的成果，更甚者，追求完善與美好。有鑑於虛擬網絡與實體社會交互作用，人類問題多元歧異、文明進退咫尺、生態崩壞，學術研究秉持專業實踐與科學理性，肩負針貶社會、推進文明、前瞻未來責無旁貸。

關於學術研究上的不當行爲如造假、抄襲、扭曲，以及師生不對等列名等，孰令致之，影響因素計有功績主義、專業力、評鑑升等與專業威權，人因？制度因？「不以規矩，不能成方圓。」傳統研究，問心、自省與同理（Empathy）是詮釋研究判準規範；今之研究規範準則如方法論、科學準則、知識範式、專業自律與專業公信力，其中，專業自律與專業公信力各有側重，前者體現由內而外的價值選擇，後者認同由外而內的專業制約。

運用工具理性與研究工具於現代學術研究，可見效益：(1)體現專業實踐與科學理性並重的智性活動；(2)裨益人文與社會行爲科學研究現代化與科學化；(3)開啓研究與發展多元效能。「前事不忘、後事之師」，揆之法蘭克福學派批判理論、「單向度的人」殷鑑不遠，邏輯實證方法論研究範式助益知識範疇操作性、脈絡構建科學性與意義探究合法性，以及提升科際領域對話，跨越唯實科學觀方法論研究範式仍待進一步構建發展之。

參考文獻

一、中文部分

何慧群、范德孝、施碧珍、許天維、永井正武（2014）。運用GSP Chart、Rasch Model GSP曲線與GSM分析與表徵數學測驗——以一國小六年級數學科評量爲

例。**測驗統計年刊**，**22**(1)，25-65。

何慧群、永井正武（2016a）。大學排名，學術化？功能化？專業化！**臺灣教育評論月刊**，**5**(10)，34-40。

何慧群、永井正武（2016b）。社會弱勢，補救教學？學習弱勢，有效教學！**臺灣教育評論月刊**，**5**(12)，138-145。

二、英文部分

Allen, G. (2003). *Roland Barthes*. London: Routledge.

Drucker, P. F. (1999), "Knowledge Worker Productivity: The Biggest Challenge," *California Management Review, 41*(2), 79-94. DOI: 10.2307/41165987

Ho, H. C. (2014), "The Cardinal Analysis of Philosophy of Education via Soft Computing Method," *Journal of Grey System, 17*(2), 101-112.

Ho, H. C., Fann, W. J. D., Chiang, H. J., Nguyen, P. T., Pham, D. H., Nguyen, P. H., & Nagai, M. (2016a), "Application of Rough Set, GSM and MSM to Analyze Learning Outcome - An Example of Introduction to Education," *Journal of Intelligent Learning Systems and Applications, 8*(1), 23-38. DOI: 10.4236/jilsa.2016.81003

Ho, H. C., Chiang, H. J., Pham, D. H., Fann, W. J. D., & Nagai, M. (2016b), "A Learning Outcomes Assessment Analysis based on the Mathematical Modeling of RaschGSP Curve, GSM and MSM," *Studies in Engineering and Technology, 3*(1), 109-123. DOI: 10.11114/set.v3i1.1766

Ho, H. C., Pham, D. H., Nguyen, P. T., Fann, W. J. D., Chiang, H. J., & Nagai, M. (2017), "Factor Analysis of Teacher Professional Development and Evaluation based on Math Methods of RaschGSP Curve, ISM, GSM and MSM," *Artificial Intelligence Research, 6*(1), 91-106. DOI: 10.5430/air.v6n1p91

Kagermann, H., Lukas, W., & Wahlster, W. (2011). Industrie 4.0: Mit dem Internet der Dinge auf dem Weg zur 4. industriellen Revolution. *Verein Deutscher Ingenieure (VDI) Nachrichten, 13*.

Levinson, M. (2012), „Manufacturing the Future: Why Reindustrialization Is the Road to Recovery," *New Labor Forum, 21*(3), 10-15.

Mitchell, B. (2001). *OSI Model Reference Guide*. Retrieved from https://www.lifewire.com/osi-model-reference-guide-816289

Nagai, M. (1989). *System analysis method and design methods technique*. Tokyo: Kougaku Kenkyusha.

Nagai, M. & Tsai, C. P. (2013), "Matrix based interpretative structural modeling," *International Journal of Kansei Information, 4*(3), 159-174.

Silverman, H. (1989 ed.). *Derrida and Deconstruction*. New York: Routledge.

Tatsuoka, K. K. (1985), "A Probabilistic Model for Diagnosing Misconceptions by the Pattern Classification Approach," *Journal of Educational Statistics, 10*(1), 55-73. DOI: 10.2307/1164930

山口大輔、赤羽根隆広、水谷晃三、李國棟、永井正武、北岡正敏（2006）。感性自動計測システムの提案と灰色理論による數量化。**感性工學研究論文集**，**6**(3)，11-18。

第 五 篇

指導學生篇

第十九章

研究生研究不當行為影響因素的探討

尹玫君
國立臺南大學教育系教授

張琬翔
臺南市崇學國小教師

一、前言

　　研究是一全球性的活動，研究不當行為也是一全球性的問題，只要有人類活動就有可能發生不當行為（Ana, Koehlmoos, Smith, & Yan, 2013）。近年來無論在國際上或是臺灣，發生多起因違反學術研究倫理，導致被取消學位、撤銷論文或是被追回研究補助費的事件，在學術研究倫理的議題愈來愈受到關注的同時，研究不當行為的發生有蔓延擴大的趨勢，各大學紛紛呼籲教授和學生應謹守學術倫理，不宜有研究不當行為，以免長久以來所建立的研究是追求真理的目標，被接二連三發生的研究不當行為所推翻，繼而影響社會大眾對研究成果的可信度，破壞學術研究的風氣。

　　學術研究是一份需付出許多時間和精力的工作，要能在研究上獲得績效，需長期投入付出心力。研究者為了獲得研究經費、增加個人發表的數量、或能順利升等，生活在承受極大的學術競爭環境中，在此情形下，常有人不禁鋌而走險，遊走在學術研究規範的邊緣（Casadevall & Fang, 2012）。研究生是養成研究人員價值觀和引導建立研究負責任行為的重要階段，藉由學校的政策和在系所師長的監督下參與研究，形成並創造出學術誠實的氛圍（Fisher, Fried, & Feldman, 2009）。研究者相信如能對於學術研究不當行為多一些的瞭解，探究究竟哪些因素會影響研究生的欺騙行為，這樣或許對於降低研究不當行為有所助益。因此本文旨在瞭解會影響研究生研究不當行為的相關因素，希望藉此能有效的預防研究不當行為的發生。

二、影響研究不當行為的因素

　　欲降低或減少研究不當行為，需先對引發不當行為的因素作瞭解。本文參考Davis（2003）、Davis, Riske-Morris和Diaz,（2007）、Smith, Derrick和Manakyan（2012）、杜偉和王均（2010）的研究結果，從個人因素（individual factors）、情境因素（situational factors）和社會因素（social factors）三面向，來探討影響研究生研究不當行為的因素。分別說明如下：

(一) 個人因素

1.是否參與研究倫理相關課程或研習

　　Brown和Kalichman（1998）發現，研究生有參與研究倫理有關的課程，進行相關議題的討論，可增加負責任的研究行為之觀念。Antes, Murphy, Waples, Mumford和Brown（2009）以後設分析（meta-analysis）對26個評估負責任的研究行為之研究發現，實施負責任的研究行為教育，確實會影響學生的道德知識和道德規範。

2.是否知道學校有相關規範

　　蔣美仕（2011）由文獻探討發現，個人主觀的價值認識模糊、科學研究規範意識淡薄、缺乏科學研究榮辱態度等，是誘發研究不當行為的因素。Smith, Derrick和Manakyan（2012）在動機和欺騙模式（Motivation and Cheating Model）的基礎上，發現明確規範對學術表現有正向的影響。為了瞭解學校研究所是否傳遞研究生研究的負責任行為，Fisher, Fried和Feldman（2009）調查968位博士生的結果發現，研究經驗、系所對研究負責任行為的要求和研究負責任行為政策，及師長對研究負責任行為的監督，可以有效預測研究負責任行為。

3.對研究不當行為的認知

　　對研究不當行為的認知是指研究生對不同形式研究不當行為的瞭解程度。Hughes和McCabe（2006）以加拿大11所高等教育機構14,913位大一學生、1,318研究生、683位的教學助理和1,902位教師為對象進行的研究發現，「造假或變造參考資料」這一項有44%大學生、25%研究生、23%教學助理及12%教師，認為不算是或是幾乎不算是欺騙行為；「自網路或書面文獻資料複製一些句子而未引註參考來源」，有近五成大學生和近三成研究生、教學助理和教師，不認為這樣的行為是不適當

的，有約三成五的大學生和二成四的研究生表示曾這樣做過，顯示加拿大的大學生或研究生，或多或少都曾有過學術不當行為，對於學術不當行為的瞭解宜再加強。

(二) 情境因素

1.知覺同儕的研究不當行為

　　知覺同儕的研究不當行為是指研究生知覺其他同儕在撰寫論文或報告過程中的研究不當行為。Whitley（1998）分析16個研究發現，學生自己的不當行為和學生相信同儕間發生不當行為的普遍性之間，有顯著的關聯。Hard, Conway和Moran（2006）的研究指出，學生相信同儕對行為信念，會影響學生的不當行為。

2.指導教授的研究倫理行為

　　Solis（2005）發現，大學教授即便知道研究生抄襲，也可能因為自己本身也有此行為，害怕研究生抄襲事件暴露，會連累到自己而不舉報。Wright, Titus和Cornelison（2008）發現，大部分研究新手的指導者很少檢視他們的原始資料，或是缺乏與研究倫理有關的標準可以引導他們，巨大的壓力加上缺乏適當監督，常導致他們出現研究不當行為。Mitchell和Carroll（2008）認為，如研究生對於所應遵守的規範或文化不熟悉或是缺乏教授的督導，那就更可能會發生研究不當行為，甚至依過去的文獻所預測，這樣的行為在未來發生的機率會很高。

3.學業與學術壓力

　　Decoo（2002）指出，研究生被視為是學術的一分子，但因為個人時間有限、工作負擔過重、發表壓力等，使得研究生以抄襲的方式來證明自己的學術專業。Mitchell和Carroll（2008）研究中提到博士生承受

很大的壓力，他們的論文通常需達到一定的標準，且需要能對知識有創新和卓越的貢獻，因此部分學生在面對複雜的研究歷程時，可能就會採取一些不為研究社群所接受或認同的手段。Cossette（2004）的研究發現，研究者相信論文產能是獲得研究地位認可的必要條件，期望能因此增加獲得好的評鑑結果或是升遷的機會，希望能獲得增加研究經費的機會等，是造成研究者不當行為的三項主要因素。Davis等人（2007）歸納研究不當行為的因素包含：論文產出的壓力、工作負擔重、時間不夠等與工作有關所產生的壓力、不適當的負擔、職務上的競爭、憂心工作的穩定，甚至因語言的障礙，害怕他人察覺自己語言和書寫能力的不足而導致不知如何尋求協助等所造成的壓力。

(三) 社會因素

1.對社會規範的信念

　　MacLean（2002）、McCabe和Hardman（2005）以及Dore（2005）等人的研究皆指出，無形的文化與規範，可能比有形的法律對行為人有更大的影響。如果行為人的社會結合程度很高，承擔較高義務的認知、或是對於規範有較高的信念，該行為人應該會有較強的意願遵守規範；但如果社會規範與法律牴觸時，則該行為人未必會減少犯罪，甚至可能會因應社會規範的要求，去做一些觸法之事，例如：盜版行為雖然違法，但是因為「大家都這樣」，所以行為人也就接受了盜版行為的合理性，並增加了盜版行為的發生可能。

2.對研究不當行為後果的瞭解

　　對研究不當行為後果的瞭解是指是否瞭解研究不當行為所需付出的代價和擔負的後果。iThenticate（2012）的報告提到，研究不當行為會引發一連串的損害效應（ripple effect of damages），牽涉到許多個人和整個組織。這些損害的形式包括：失去工作、撤回學位和獎勵、誠信

受到質疑、聲譽和品牌形象的損害、訴訟花費的損失、法律支出的損失、大筆補助經費的損失、時間的損失。美國研究政策期刊（Research Policy）2013年的社論也提到，違反學術行為或規範經查證屬實，會有一些嚴重的制裁隨之而來，如：退回已投稿的稿件、撤銷已出版的文章、追回研究經費、甚至遭到解僱，更別說個人因此會受到侮辱和咒罵等（Martin, 2013），因此不可不慎。

三、減少研究生研究不當行為的建議

找出並確認研究不當行為是有困難度且所費不貲的事，最好能自減少研究不當行為著手，做到事先防範於未然，勝於事後的規範。因此瞭解影響這些研究不當行為的因素究竟為何後，如何有效的藉由教育和訓練宣導，防止未來發生研究不當行為的可能性。

首先，研究倫理的培養與教育宜從大學開始，持續到碩博士階段時期。Carroll和Appleton（2001）建議所有在高等教育階段的學生，在一開始時就應明確教導他們哪些是構成學術不當的行為，為何這些行為是不被接受的，及學校面對這些問題的處理程序和原則。大學應以一些較積極的方式去教育學生，清楚說明哪些參考他人資料的行為是可接受，或是哪些非出自個人原創的抄襲行為是不被接受的，並提供抄襲的實際例子讓學生瞭解（Culwin, 2006）。故宜透過各種管道多加宣導研究倫理規範，不僅是在網站中放置相關文件，更要透過課堂、臉書、Line等方式主動告知；也要建立輔導機制，教導排解壓力或釋放情緒的途徑，循序漸進的引導研究生在學術論文與休閒生活間取得平衡。

其次，可仿效英國研究誠信部（UK Research Integrity Office），建立獨立且專門的管理機構，提供研究應有行為的專業建議和引導、與研究誠信的教育和訓練（UK Research Integrity Office, 2013）。要求大學制訂學校榮譽規章制度或規範，並鼓勵老師加強預防、查核以避免各大學種種學術不誠實行為發生（杜偉、王均，2010）。同時擬定健全的學術不當行為的懲處機制，制定切實可行的處理辦法，加強懲處行為的權威與效果。

最後，研究生是養成研究人員價值觀和引導建立研究負責任行為的

重要階段，藉由學校的政策和在系所師長的監督下研究生參與研究，創造出學術誠實的氛圍（Fisher, Fried, & Feldman, 2009）。故指導老師在帶領學術新手時宜以身作則，在撰寫論文時能親自遵守研究倫理或規範，常教導與提醒撰寫論文時應遵守研究倫理規範，提供倫理楷模榜樣或慘痛教訓，「見賢思齊、見不賢而內自省」，導正偏差的道德觀念，減少同儕間錯誤的模仿學習，應可降低研究生之研究不當行為的發生。

參考文獻

一、中文部分

杜偉、王均（2010）。大學生學術不誠實現象的影響因素及對策研究。**濟南大學學報**，**20**(4)，76-78。

蔣美仕（2011）。從職業倫理到科研——科研不端行為的國外研究動態分析。**自然辯證法研究**，**27**(2)，96-102。

二、英文部分

Ana, J., Koehlmoos, T., Smith, R., & Yan, L. L. (2013). Research misconduct in low- and middle-income countries. *PLoS Medicine, 10*(3), 1-6. doi:10.1371/journal.pmed.1001315

Antes, A.L., Murphy, S.T., Waples, E.P., Mumford, M.D., & Brown, R.P. (2009). A meta-analysis of ethics instruction effectiveness in the sciences. *Ethics Behavior, 19*, 379-402.

Brown, S., & Kalichman, M. W. (1998). Effects of training in the responsible conduct of research: A survey of graduate students in experimental sciences. *Science & Engineering Ethics, 4*, 487-498.

Carroll, J. & Appleton, J. (2001). *Plagiarism a good practice guide*. Report commissioned by the Joint Information Systems Committee (JISC). Retrieved from http://online.northumbria.ac.uk/Demographics of academic misconduct 181faculties/art/information_ studies/Imri/Jiscpas/docs/brookes/brookes.pdf. doi: 10.1080/02602930500262478

Casadevall, A., Fang, F. C. (2012). Reforming science: Methodological and cultural reforms. *Infection and Immunity, 80*, 891-896.

Cossette, P. (2004). Research integrity: An exploratory survey of administrative science faculties. *Journal of Business Ethics, 49*, 213-234.

Culwin, F. (2006). An active introduction to academic misconduct and the measure demographics of misconduct. *Assessment & Evaluation in Higher Education, 31*(2), 167-182.

Davis, M. S. (2003). The role of culture in research misconduct. *Accountability in Research, 11*(3), 189-201.

Davis, M. S., Riske-Morris, M., & Diaz, S. R. (2007). Causal factors implicated in research misconduct: Evidence from ORI case files. *Sci Eng Ethics, 13*, 395-414. DOI 10.1007/s11948-007-9045-2

Decoo, W. (2002). *Crisis on campus: Confronting academic misconduct*. MA: MIT Press, Cambridge.

Dore, R. (2005). Deviant or different? Corporate governance in Japan and Germany. *Corporate Governance: An International Review, 13*(3), 437-446.

Fisher, C. B., Fried, A. L., & Feldman, L. G. (2009). Graduate socialization in the responsible conduct of research: A national survey on the research ethics training experiences of psychology doctoral students. *Ethics & Behavior, 19*(6), 496-518. doi: 10.1080/10508420903275283

Hard, S. F., Conway, J. M., & Moran, A. C. (2006). Faculty and college student beliefs about the frequency of student academic misconduct. *The Journal of Higher Education, 77*(6), 1058-1080.

Hughes J. M., & McCabe, D. L. (2006). Academic Misconduct within Higher Education in Canada. *Canadian Journal of Higher Education, 36(2)*, 1-21.

iThenticate (2012b). *True costs of research misconduct: 2012 iThenticate Report*. Retrieved from http:// www.ithenticate.com.

MacLean, T. (2002). Reframing organizational misconduct: A study of deceptive sales practices at a major life insurance company. *Business & Society, 41*(2), 242-250.

Martin, B. R. (2013). Whither research integrity? Plagiarism, self-plagiarism and coercive citation in an age of research assessment. *Research Policy*, 42, 1005-1014.

McCabe, M. P., & Hardman, L. (2005). Attitudes and perceptions of workers to sexual harassment. *The Journal of Social Psychology, 145*(6), 719-740.

Mitchell, T., & Carroll, J. (2008). Academic and research misconduct in the PhD: Issues for students and supervisors. *Nurse Education Today, 28*, 218-226

Smith, K. J., Derrick, P. L., & Manakyan, H. (2012). A reevaluation and extension of the motivation and cheating model. *Global Perspectives on Accounting Education, 9,*1-29.

Solis, J. (2005). Crisis on campus: Confronting academic misconduct. *Journal of Adult Education, 34*(1), 30-33.

UK Research Integrity Office (2013). *About us*. Retrieved from http://www.ukrio.org/about-us/

Whitley, B. E. (1998). Factors associated with cheating among college students. *Research in Higher Education, 39*, 235-274.

Wright, D. E., Titus, S. L., & Cornelison, J. B. (2008). Mentoring and research misconduct: An analysis of research mentoring in closed ORI cases. *Science Engineering Ethics, 14,* 323-336.

第二十章

研究生資料蒐集與分析的「偽眞實」現象反思：以「文獻探討」爲例

徐超聖

國立臺北教育大學教育系副教授

一、前言

　　學術研究倫理，顧名思義就是進行學術研究時，研究人員應遵守的倫理規範。此倫理規範所涉及的案例究竟所指為何，從畢恆達（2012）所提出臺灣近幾年研究倫理的林林總總爭議案件，即可知其複雜。他所舉之案件包括論文引用不當涉及抄襲、擔任女兒論文指導教授並縱容其抄襲自己論文、論文附錄中全名揭露某學生父親酗酒及家暴、掛名共同作者但事前並未看過論文相關內容、一年指導26篇論文但18篇論文題目極為相似、代寫論文、引用不實數據、扭曲研究結果、未經同意採取檢體、傷害田野、壓榨田野資料卻吝於回饋、刻意將論文鎖住不公開讓人瀏覽、藉由審查論文或計畫之便剽竊對方構想。前述的爭議案件大致與抄襲造假、共同作者的責任、利益迴避、個資外洩、受試者保護、結果公開與共享等有關，而主管學術研究的科技部則在官網對不當行為有進一步說明。

　　根據科技部的「科技部對研究人員學術倫理規範」指出，違反學術倫理的主要不當行為，包括「造假、變造、抄襲、研究成果重複發表或未適當引註、以違法或不當手段影響」論文審查、不當作者列名」等（科技部，2016）。除上述一般的不當行為外，科技部尚對「研究資料或數據的蒐集與分析」、「研究紀錄的完整保存與備查」、「研究資料與結果的公開與共享」、「註明他人的貢獻」、「自我抄襲的制約」、「一稿多投的避免」、「共同作者的責任」、「同儕審查的制約」、「利益迴避與揭露」做特別之說明。

　　從上述說明可知，學術倫理涉及之層面頗廣，而倫理案件的情況隨著時代演進，可預期恐會有層出不窮的新爭議案例出現，因而可探討之學術研究倫理議題也將相當繁複，而需要不斷的多加深究。本文基於在學術研究過程中，資料的蒐集與分析是隨時發生的事項，在「文獻探討」時固然需進行此工作，在「研究設計與實施」和「結果分析與討論」部分，也同樣需要。此顯示資料或數據乃是回答研究問題的基礎，而資料蒐集與分析完備、確實、深入就能有效提供合理的研究架構以及作為研究結果分析與討論的理論基礎，因而可說是好研究的命

脈。因此，本文將從研究者個人指導研究生的經驗，對研究生在研究的第一步——「文獻探討」的資料蒐集與分析時所出現的不夠「確實」而導致「僞眞實」的現象，進行探討並提出建議供參考。

二、資料蒐集與分析的倫理規範

資料的蒐集與分析的重要，在前段已敘述，而有關資料的蒐集與分析該如何規範，依據科技部（2016）「科技部對研究人員學術倫理規範」爲：

> 研究資料或數據的蒐集與分析：研究人員應盡可能客觀地蒐集與分析研究資料或數據，不得捏造竄改，並避免對資料或數據作選擇性處理。如需處理原始數據，應詳實揭露所做之完整過程，以免誤導。研究人員應根據研究內容描述研究方法與結果，不做無根據且與事實不合的詮釋與推論。

葉重新（2001: 20-22）則針對教育研究指出，從事教育研究不但要合乎科學，同時要具有專業的倫理道德，而提出包含研究者個人品德與修養、研究者與受試者關係、研究者與其他研究人員的關係三方面共二十三項基本的倫理道德。其中在教育研究者的個人品德與修養方面的倫理道德方面，共有七項準則，而本文認爲第四到七項可視爲是資料蒐集與分析的研究倫理，其中第六和第七跟本文所要探討的「文獻探討」有較直接的關係，第四和第五的關係則較間接，其內容如下：

4. 自行編製的研究工具，應檢驗其信度、效度，不可作假。
5. 當研究發現與研究假設不符合時，必須據實呈現不可任意更改。
6. 不可抄襲或剽取他人作品。
7. 不可竄改文獻資料。

根據上述可知，其倫理規範可涉及到「文獻探討」、「研究設計

與實施」和「結果分析與討論」，如以本文的「文獻探討」而言，文獻資料的蒐集與分析的倫理規範為應客觀翔實，充分掌握資料來源的全貌，不可任意竄改、捏造、抄襲或剽取他人資料或數據作選擇性處理，而分析與整理文獻資料時，也不做未掌握資料全貌下即進行詮釋與推論。

三、「文獻探討」資料蒐集與分析的「偽眞實」現象

研究者觀察研究生進行研究時，常出現兩種情況，研究者稱為是在「文獻探討」因資料蒐集與分析過程不夠確實而出現「偽眞實」的誤導現象，茲進一步說明如下。

(一) 直接複製貼上研究摘要，未詳閱全文

研究生在「文獻探討」進行資料蒐集與分析以撰寫論文時，為讓讀者便於閱讀所蒐集到的相關研究文獻，常常會製表呈現相關研究的結果和發現。一般常見的表格會包括作者、年代、題目、研究對象、研究方法、研究發現、研究啟示等欄位。其中「研究發現」的內容來源，常常是研究生先進入國家圖書館「臺灣博碩士知識加值系統」中的「摘要」欄位，然後直接複製研究結論的內容貼在「研究發現」中。但進一步與研究生討論各篇研究發現細節後，卻發現研究生並未確實閱讀全篇論文，以眞實瞭解研究的細節，而只是閱讀摘要。但讀者卻不明就裡，誤以為研究生已詳閱過論文全部，然後再將研究結果呈現在表格中。

上述現象並不只限於使用國家圖書館「臺灣博碩士知識加值系統」的案例中，在引用其他的期刊文章結果時，也常常有此種只閱讀摘要卻誤導讀者已閱讀通篇文章的現象。而此現象尤其在研究生引用外文文獻以表現其資料蒐集具廣度時，最為常見，但實際上研究生只是閱讀外文文獻的摘要，並未去詳細閱讀全文而未能掌握研究的細節與核心。

(二) 直接移植或刪減別人所用文句，未詳閱全文

　　研究生在「文獻探討」進行資料蒐集與分析時，在未能閱讀第一手資料時，常常直接移植或刪減別人所閱讀的第一手資料的文句，據為己有而未忠實使用轉引資料形式，不讓讀者知悉作者並未直接閱讀第一手資料。直接移植現象，常出現在文句較少或資料已是眾人皆知情況。前者文句較少之例子為，前人已將某外文文句轉譯，然後作者就直接移植，作者頂多可能只是增加連結詞或標點符號，以掩人耳目。後者有關眾人皆知的例子，則屢見不鮮，例如：以研究者較熟悉的領域課程研究而言，研究生會引用美國課程著名學者J. Goodlad等人於1979年所提出的課程五個領域（domain）理論（理想課程、官方課程、知覺課程、運作課程、經驗課程）於文獻中，而且也將J.Goodlad與其他作者於1979年的著作列入參考書目中。此舉明顯是誤導讀者以為作者已直接閱讀J.Goodlad的原作。但事實上研究生並未閱讀過原作，並不知此五課程領域之原文分別為ideological, formal, perceived, operational, experiential，也不知此概念是J.Goodlad和M. Frances Klein及Kenneth A. Tye兩位作者所共同提出。

　　有關上述在「文獻探討」時刪減別人所閱讀的第一手資料的文句部分，再據為己有的例子，研究者認為是頗為常見的現象。上述有關增加連結詞或標點符號，以掩人耳目的情況，其常見情況為，同樣的外文資料，卻被書寫成幾乎雷同的中文文句。此情況有時很難說清楚到底是「英雄所見與表達雷同」，還是真有取巧移植之嫌。有時會見到似乎是作者只是將文句的順序結構調整，甚至是簡單增加或刪除某些字句，但整體文句之表達仍很難跳脫有剽竊和抄襲之嫌。但不管是何種情況，真實情況是作者並未直接去閱讀第一手資料，但卻誤導讀者信以為作者是直接閱讀第一手資料。

　　上述兩種現象都是研究生在「文獻探討」進行資料蒐集與分析過程中，因不夠確實閱讀全文或第一手資料，卻出現誤導讀者以為作者已閱讀全文或第一手資料的現象。本文會稱此誤導為「偽真實」現象，其意是指不管是直接複製貼上的摘要或移植刪減別人的文句，基本上其內容

仍是正確而真實反應論文之意義，只是資料蒐集過程並不確實，導致作者和讀者將限於只見其一不知其二，只知結果不知過程，只知表面不知核心，因而對研究資料的讀取和瞭解易造成不夠完整或誤解。而此種限制將直接影響到文獻探討時的文獻蒐集與整理之品質與深度，亦將影響未來結果的分析與討論的深度，進而很難彰顯研究結果與發現的真正價值與意義。也因此常會看到在論文的結果分析和討論時，只書寫本研究和某某研究相同或相似，但卻未能善加引用文獻探討的重要發現，進一步說明為何異同的理由，因而無法展現研究者在資料分析和討論時的獨特和創意見解。

　　針對上述兩種在文獻探討所常見的倫理現象，本文進一步提出兩點反思。第一，文獻探討涉及的資料閱讀、整理、分析與詮釋，對研究生而言是龐大複雜的學習課題，需要更長時間的細心學習和教導才能學會各相關的正確細節。因此，當研究生有此現象時，或可視為是學習問題所出現的無心之錯，而不是刻意而惡意的竄改、捏造、抄襲或剽取的研究倫理議題。第二，文獻探討所發生的上述現象，有時此種無心之失誤連資深的研究人員都可能偶而出現，何況是研究生？因而此現象似乎是不可避免或很難避免，但即使如此仍需明察其失誤情節大小和犯錯機會高低，以論斷違反學術倫理的嚴重程度，進而能透過糾正和揭露而降低和避免此現象的發生機率。

四、「文獻探討」的「偽真實」現象的修正建議

　　針對上述在「文獻探討」時直接複製貼上研究摘要以及直接移植或刪減別人所用文句，但未詳閱全文現象兩種現象，本文試提以下兩點建議供參考與討論：

第一，精確指出引用資料的頁碼

　　研究生未來在「文獻探討」呈現資料的蒐集結果時，應避免資料引用時只註明來自一本上百頁的書或二三十頁的文章，而應盡可能精確指出引用資料的頁碼。此舉除有助於指導教授進一步閱讀研究生所閱讀之

處，以確認研究生所寫是否正確外，亦有利於有興趣者能快速找到該精要在全文的位置，而省下大海撈針尋找文章所引資料的頁碼。而針對寫出精確頁碼部分，偶聞有些指導教授其實是藉此查核研究生是否真正確實閱讀過所寫內容，但此似乎有不信任研究生所寫之嫌而恐會涉及倫理爭議。因而請研究生精確寫出引用資料的頁碼，此舉係作為指導教授和有興趣的讀者進一步閱讀之必要，而非作為研究生是否真有閱讀之查核手段。

第二，加註外文文獻的關鍵詞句

研究生在「文獻探討」時，閱讀與消化外文資料是重要的研究過程，但外文資料的解讀常較有歧異，因而如能適時加註關鍵字或句，一能確定研究生已有效掌握第一手資料，二能讓讀者也能參與文意的解讀，以清楚瞭解其推論過程而能更確定研究生所表達之意義。此外，透過原文的呈現也能藉此檢核作者轉譯、推論、詮釋之正確性與適當性，而本文也建議不宜太依賴或完全相信已有的翻譯（包括名家所譯），研究生應儘量去閱讀原文以瞭解原文的前後文句及更多內容，以更能理解原作者所欲表達之意義。

針對上述兩建議，茲舉2011年研究者與另一研究者共同發表的文章——教師領導的理論分析與省思（中等教育，62(2)，20-35）——為例說明之。在該文中第24頁寫道：

……領導是不容易去界定的名詞，Bryman（1996）綜合分析領導的理論與研究指出，領導的定義通常包含三個要素：影響力、團體與目標。

依上述建議，此文句宜加頁碼「276」及關鍵原文文句而修正為：

……領導是不容易去界定的名詞，Bryman（1996：276）綜合分析領導的理論與研究指出，領導的定義通常包含三個要素：影響力、團體與目標（Three elements can be discerned in this definition that are common to many definitions: influence, group and goal.）。

五、結語

　　資料的蒐集和分析在整個研究進行中，幾乎無所不在，其蒐集和分析的客觀和確實將直接影響研究的品質。據此本文針對研究生在「文獻探討」中資料的蒐集和分析的學術倫理進行分析，並提出直接複製貼上研究摘要、直接移植或刪減別人所用文句，以及未詳閱全文現象所引發的「偽真實」現象進行討論與建議。本文主張為更能掌握文章的整體核心精要和細節，研究生應精讀和消化全文和原文，並適時加註原文及原文頁碼，而此應為資料的蒐集和分析所應遵守的基本倫理規範。另外，本文雖認為研究生在「偽真實」現象中，或許可視為是研究生的學習不精和教師的教導不力問題，以至於造成此種很難避免或甚至無法避免的現象，而未必是屬於惡意的竄改、捏造、抄襲或剽取的研究倫理議題，但本文還是勉勵研究生應以學術研究倫理的高標準自我要求，做好文獻探討的相關細節，而讓自己在面對自己文章時，能俯仰無愧於天地和自己的學術良心。

參考文獻

科技部（2016）。**科技部對研究人員學術倫理規範**。臺北市：科技部。

畢恆達（2012）。**第二章研究倫理**。載於瞿海源、畢恆達、劉長萱、楊國樞主編。社會及行為科學研究法(一)：總論與量化研究法（35-61）。臺北市：東華。

葉重新（2001）。**教育研究法**。臺北市：心理。

第二十一章

教育研究的研究倫理：師生關係對知情同意和保密性的影響

危芷芬

臺北立市大學心理與諮商學系副教授

　　本文首先介紹研究倫理的歷史沿革及主要倫理議題，其次探討師生關係所產生的研究倫理爭議，最後將提供相關的實務建議。

一、研究倫理沿革

　　第二次世界大戰期間，納粹集中營裡被囚禁者在非自願情況下接受殘忍的「醫學實驗」，因此在戰後擬定紐倫堡原則（Nuremberg Code），作為人類參與研究的倫理指南。世界醫學會（World Medical Association）也在1964年採納類似的倫理指南，稱為赫爾辛基宣言（Declaration of Helsinki）。

　　美國心理學會（American Psychological Association，以下簡稱APA）在1973年公布其倫理準則，最新版本於2002年公布，2010年進行小幅度修正（APA, 2002, 2010）。美國教育研究學會（American Educational Research Association，以下簡稱AERA）於1992年亦公布倫理準則，並且在2011年由AERA倫理準則（AERA Code of Ethics）取代之。

　　我國於民國100年頒布《人體研究法》，以保障人體研究之研究對象權益。衛生署（現改制為衛生福利部）於民國101年7月5日公告「得免倫理審查委員會審查之人體研究範圍」，規定「研究案件非以未成年人、收容人、原住民、孕婦、身心障礙、精神病患及其他經審查會訂定或判斷受不當脅迫或無法以自由意願做決定者為研究對象」，且「符合於一般教學環境中進行之教育評量或測試、教學技巧或成效評估之研究」，在送交研究倫理委員會之後，得以發給免審查證明。目前，國內許多大學及機構已經成立研究倫理委員會，監督人體研究及人類研究的過程。

　　行為科學及教育相關的專業學會，也因應重視研究參與者權益的主流思潮，分別訂定倫理準則。臺灣心理學會於民國102年修訂通過的「心理學專業人員倫理準則」，明訂針對人類參與者及動物實驗對象應遵循的研究倫理規範（臺灣心理學會，2013）。其中第一章的基本倫理準則即揭示隱私與保密的重要性，而且針對以兒童為對象的研究，特別提及應告知家長或監護人，以及兒童所屬學校，而且不得妨礙兒童正

常發展。

　　國立臺灣師範大學教育學系亦在民國99年組成「教育學門保護研究對象倫理信條」，經過12次會議後，於民國100年完成倫理信條正式本，以國立臺灣師範大學教育學院名義，公告於教育學院網站並且函送全國各教育學院系所及中華民國教育學術團體聯合年會，轉告各會員學會參考（國立臺灣師範大學教育學院，2011）。該倫理信條亦強調研究開始前需取得參與者的告知同意，以及研究過程當中應當注意隱私、保密與匿名。

二、研究倫理的主要議題

　　由於每項研究的主題、對象、程序皆不盡相同，研究倫理的實踐常需依賴共同原則的衡量。綜合考量APA、AERA、臺灣心理學會及國立臺灣師範大學教育學院有關保護研究參與者的倫理準則之後，以下將介紹與師生關係有關的研究倫理準則：

(一) 非傷害（No Harm）

　　研究者有義務要保護參與者免於遭受身心傷害。研究者必須設法找出造成傷害的風險所在，並且盡可能降低或排除可預見的風險。除非該研究的科學利益遠大於微小的暫時傷害，或者接受微小風險以避免更大傷害，才能成為接受風險的正當理由。

(二) 知後同意（Informed Consent）

　　知後同意的一般原則要求，參與者在得知有關研究的完整訊息，並且清楚瞭解自身角色後，才同意參與研究。參與者必須瞭解有關研究的訊息，並且自願決定參與研究。因此，知後同意包含以下3個重要成分（Gravetter & Forzano, 2016）：

　　1. 訊息：在一般狀況下，研究者為了避免參與者得知研究目的後，改變原有的行為，不一定會直接告知研究假說，而是說明

參與者在研究裡會做些什麼。然而，可能影響參與者決定是否參與的因素應當包含在知後同意程序裡，例如：

a.參與研究的期間，以及研究程序

b.參與者擁有隨時退出研究的權利

c.退出研究可能帶來的結果

d.影響參與者繼續參與之意願的可能因素（例如潛在風險、不適或令人厭惡的效果）

e.研究所帶來的任何潛在利益

f.保密性的限制

g.參與研究的誘因

h.有關研究及參與者權利的問題應當跟何人聯絡

針對採用實驗處理之介入研究，在研究開始時必須告知參與者：

a.該項處理仍在實驗階段

b.控制組是否可以得到相同服務

c.分派實驗組及控制組的方法

d.不希望參與研究或者中途退出研究者可以選擇的其他處理方法

e.參與研究的補償或金錢代價

2. **瞭解**：研究者必須確保參與者理解研究的性質及相關訊息。針對年幼兒童、心智障礙者和精神病患，通常要取得參與者及家長（或監護人）的同意。研究者必須以參與者容易理解的用詞來解釋該研究者，並且提供充分機會讓參與者提問。

3. **自願參與**：告知同意的目標在於讓參與者出於自由意願而參加研究。有時參與者覺得自己並無選擇，或者被迫參加。當研究者是教師、教授或臨床工作者，參與者可能擔心自己不合作會遭受懲罰。服刑人或住院病人也可能遭遇類似情境。

根據APA倫理準則，如果參與者為學生或部屬，研究者必須採取步驟以保護潛在參與者，避免因拒絕參與或中途退出研究而遭遇不良後果。若參與研究是課程必要條件或給予額外加分，則潛在參與者可選擇其他相等活動。臺灣心理學會的「心理學專業人員倫理準則」也提出類

似原則，且明訂研究者應避免提供過度或不適當的金錢等其他誘因，誘使個人參與研究。AERA倫理準則也指出，如果研究者以自身所屬機構或組織的學生或部屬進行研究，必須特別注意保護潛在參與者，避免他們因拒絕或退出研究而遭遇不良後果。

　　然而在APA倫理準則也規範了免除取得知後同意的狀況，像是合理情形之下不會造成沮喪或傷害，且為教育環境當中進行的正常教育實務、課外活動或教室管理方法。臺灣心理學會的「心理學專業人員倫理準則」則指出，在合理假設該研究不會造成參與者痛苦或傷害的下面幾種狀況，可以免除知情同意，其中包含在教育情境中進行的教育訓練、課程或班級經營方法的研究。AERA倫理準則提出可以免除取得知後同意的情況是：如果參與者為兒童，可能免除知情同意的條件包括：(1)參與研究之風險不高於最低風險；(2)如果需要取得同意則無法進行研究；或者(3)為保護兒童而無法取得家長或監護人同意（例如被忽略或受虐兒童）。此外，研究者若欲免除兒童及家長或監護人的知情同意，必須得到研究倫理委員會同意。「教育學門保護研究對象倫理信條」提出的「例外豁免」原則強調，研究者對於在校園內或教室內進行之自然式觀察，連結合法資料庫，或運用已合法公開公文檔案等，未對研究對象造成權益損害之虞的研究，得免事前徵求知情同意，但宜以匿名處理之。

(三) 保密性（Confidentiality）

　　保密性意指將參與者提供的訊息維持私密，不對外透露。此舉有助於取得參與者的信任，讓他們願意提供真實的想法。通常研究者會確保參與者的匿名性（Anonymity），也就是每位參與者所提供的訊息和測量結果都不得與可辨識的個人資料（像是姓名）相連。

　　除非在下列條件之下，否則記錄參與者的聲音或影像皆需要事前徵得其同意：

　　1. 僅止於公共場所進行自然觀察，且錄影方式不得透露個人可辨識資料或造成傷害。

2. 研究設計包含欺瞞，在事後簡報期間取得參與者同意使用錄影。

AERA倫理準則要求教育研究者需維護學生在學業、諮詢、督導或指導時所留下的記錄、表現結果及個人資訊的保密性。

三、教師與學生的權力關係與研究倫理

儘管APA倫理準則提及，合理情形之下不會造成沮喪或傷害，且爲教育環境當中進行的正常教育實務、課外活動或教室管理方法，不需要取得知後同意，然而研究與一般教學或輔導活動仍有所差別。第一，因進行研究所採取的教學活動、課外活動、教室管理或輔導方法，其成效仍未確認。既然這些教育實務的正、負面影響並未完全確定，參與者即有權利考量是否要親身體驗。第二，一般教學活動、課外活動、教室管理或輔導方法，並不必然要向外界公布其歷程或成果，然而任何教育研究結果都需要接受公開檢驗，因此參與者也有權利考量隱私維護的議題。

由於教師和學生處於上下有別的權力關係，因此教師欲以學生爲研究參與者，可能面臨的研究倫理考驗主要來自於知後同意及保密性，以下分別論述：

(一) 知後同意

教育現場研究有時採取行動研究（action research）的形式，亦即教師身兼研究者及參與者，其目的是爲了解決教育現場所裡出現的疑難，以增進教學及學習成效。由於研究者本身即是參與者，又與參加研究的學生之間有不對等的權力關係，欲達到知後同意的準則，必須格外注意取得知後同意的程序。

首先，未成年學生參與研究，必須得到學生本人及家長或監護人的同意。教師應告知家長有關研究的訊息，也可以提供學生及家長兩種版本的知後同意書。值得注意的是，即使家長同意讓子女參與研究，然而學生本人卻表示相反意見時，仍以尊重參與者本人的意見爲宜。

　　身為學生的參與者如同其他研究參與者一樣，理應享有可以隨時退出研究的權利。然而學生是否敢於表達拒絕參與或退出研究的意見，仍有疑問，他們也可能因為擔心日後師生關係有所影響而被迫參加。因此研究倫理委員會（IRB）有時建議研究者，基於倫理要求，應避免邀請自己授課或指導的學生擔任研究參與者。

　　教師若以教學方法或班級輔導、班級經營為研究主題，需依賴班級全體學生的共同參與，因此知情同意的程序格外重要。任何學生或家長不同意參與或中途退出研究，都可能使得研究無法進行。教師除了要充分尊重學生及家長的意願以外，亦須負責協調班級內學生或家長之間的分歧意見。每一位參與者的自願參與都同等重要，不適宜以多數決的程序議決。

　　另一項倫理考量則是針對不希望參與或中途退出研究的參與者，應如何給予選擇其他處理的機會。如果實驗處理乃針對教學方法，則教師可考慮提供其他補救教學的方式；如果實驗處理乃是考驗輔導策略的成效，也需要讓不參與的學生自由選擇其他的輔導形式。然而針對班級經營的方式，則較難考慮個別化策略的實施。

(二) 保密性

　　教師在教育現場進行研究時，通常較難達到完全的匿名性，且學生的學習成效或輔導成果，都很容易與個人資料有所連結，至少研究者可以得知每位參與者的真實姓名以及研究期間所獲取的訊息。再者，研究結束後，教師與學生仍在同一班級，使得研究結果帶來延續性影響。

　　教師於研究期間引用學生的作業、聯絡簿或其他班級內的訊息來源，或者於教學現場錄音、錄影，應當在研究開始前就徵得學生及家長同意。研究報告裡亦不可涵蓋可辨識個人身分的訊息。

四、結論與建議

　　教育研究可以達成改善教育品質的目標，讓教師和學生、家長皆從中獲益。遵循研究倫理有助於研究的進行，而非阻礙任何教育體制之下

的創新與進步。因此，教育研究者不宜因爲身兼師長的角色，而忽略學生參與者的權利。

　　綜上所述，教師欲進行教育現場的研究時，基於研究倫理及專業考量，建議採行下列原則：

1. 爲保障參與者之權益，建議教師事前向合格的人體（人類）研究倫理委員會提出申請，讓外部專家共同協助檢視其研究程序。即使教育研究可歸類於「免審查」類型的研究，仍應經由研究倫理審查的程序，仔細檢視研究內容。

2. 可優先考慮邀請非由自己所授課或指導的學生擔任參與者。如果必須由自己任教的班級擔任研究參與者，則應遵循知後同意程序，取得學生及家長（監護人）的自願同意，然後進行研究。

3. 在知後同意程序裡，教師應提供充分訊息，幫助學生及家長瞭解研究程序、期間，對於學生產生的潛在利益及風險，以及本研究的重要性。當參與者（學生）及家長（監護人）理解該研究對教育社群的重大利益時，更可能採取合作態度，有助於研究進行。

4. 基於尊重隱私，教師應於研究開始前，說明研究期間要如何蒐集資料（包括是否會錄音、錄影），以及哪些訊息會列入研究結果，日後可能公開給哪些對象得知。

參考文獻

一、中文部分

臺灣心理學會（2013）。心理學專業人員倫理準則。

國立臺灣師範大學教育學院（2011）。教育學門保護研究對象倫理信條。

二、英文部分

American Educational Research Association (2011, February). Code of Ethics.

American Psychological Association (2002). Ethical principles of psychologists and code of conduct. *American Psychologists, 57,* 1060-1073.

American Psychological Association (2010). 2010 amendments to the 2002 'Ethical principles of psychologists and code of conduct'. *American Psychologists, 65,* 1493.

Gravetter, F. J. & Forzano, L. B. (2016). *Research Methods for the Behavioral Sciences* (5th Edition). Belmont, CA: Wadsworth.

第二十二章

「同理的洞察」與「綜效原則」造就教育研究倫理A+

林英傑

臺北市立大學學習與媒材設計學系兼任助理教授

　　我去年指導二位在職碩士班學生，整個暑假我們都在進行尋求研究主題、研究目的釐清、研究架構的擬定以及實驗樣本規劃與流程，以利在學期開學後，能夠進行整個教育研究的實驗。然而，不約而同的是這二位同學異口同聲的告訴我，他們最害怕面對的部分，不是要在暑假前完成論文前三章的初稿，也不是看不懂英文文獻，而是要如何面對他的研究樣本——學生與家長。

　　我完全能夠體會這種感覺，每次我在做教育研究時，最困難的不是實驗的設計，而是如何仔細地注意到一些特殊的議題，因為在我研究的教育現場，所面對研究的對象是孩童，而孩童在某些方面是較易受到傷害的，其所能行使的權力有限，同時也可能不易瞭解某些告知同意書中的語言。

　　因此個人認為，唯一的長久解決之道，其實不需要什麼大道理，教育研究倫理想要取得成功，必須從根本上改變人們對待教育的態度，也就是以同理的洞察（empathetic insights）與綜效（synergy）的二個方式來應對教育研究倫理。

一、同理的洞察

　　從前，有一對情侶，他們分別是一隻鱷魚先生和一隻長頸鹿小姐，他們非常相愛，眼中只有彼此。有一天，他們結婚了。鱷魚邀請長頸鹿搬進他的家住，但是長頸鹿小姐因為身高懸殊，隨著時間的推進，她愈來愈不開心。鱷魚因為不願意長頸鹿不開心，因此也決定搬進長頸鹿的家中。此時鱷魚先生體會了長頸鹿小姐的日常生活，雖然開心也有諸多不便，漸漸的，彼此都開始不開心。於是，他們開始尋求解決的辦法與相處的模式，過程中二個人又重新找到信心並同心協力建造屬於他們「共同的家」。

　　這是繪本《鱷魚和長頸鹿，搬過來搬過去》所描繪的故事，所要表達的即是同理的洞察（empathetic insights）。同理的洞察的意思是說，研究者要試著跳脫並挑戰你既有的成見與認知，站在他人處境，換位思考，感同身受理解他人處境心情，進入脈絡，尊重主體意識，透過視野交融來理解事物。其包含三個面向，分別為同理洞察後的：(一)想

法感受爲何？(二)困擾、擔心爲何？(三)期待爲何？簡言之，若研究對象是孩童，則研究者在研究時對待研究對象時，就如同對待自己小孩一般，把自己看待是家長，甚至是孩童，會如何來面對這個研究，同理洞察參與者（孩童）與次要參與者（家長）。

二、同理的洞察實例

「研究進行該不該讓家長知道？」、「我使用平板來進行擴增實境的研究，家長會不會有意見？對孩子視力會不會影響？」、「利用晚上7點以後的時間，不知會不會影響到家長與孩子的家庭生活？」學生問。「如果你是家長，你會怎麼想？如果你是小孩，你會怎麼想」我回答。

以上是我和學生的對話，而且我要求在教育研究進行前，必須考量的面向爲：(一)依照研究倫理準則，簽署同意書。同意書中除了參與者（孩童）之外，應將家長或法定代理人之監護人列爲次要的參與者。同時，應以適當的語言告知參與者與監護人二者所應知道的必要訊息，而且二者皆有拒絕參與的機會。另外，同意書上，也需要載明Sieber（1992）所提及的三個問題，包含隱私（個資不會流出研究團隊）、保密（資料僅供研究，不做其他用途）及匿名（研究報告與數據不含辨識身份的資料）；(二)學生與家長接受這個實驗的想法感受爲何？困擾、擔心爲何？期待爲何？考量上述二個面向，且與家長、孩童達到一定程度的共識，才有可能做到同理的洞察。

三、綜效原則

大部分的研究皆會承諾保密與匿名，也承諾當研究結束後會銷毀，也會表明研究中的表現並不會影響在校的成績。但是研究者會因這個研究而獲益，可能是得到學位、加薪或升遷，那研究對象呢？

Wax（1982）認爲，研究者與研究對象之間，其實「互惠」比告知後所簽署的同意書更加有益，因爲大部分的保密與承諾都是非常表面（Miles & Huberman, 1994）。而「互惠」的意涵則是研究者透過同理的洞察，去發覺出研究對象是否也會因這個研究而獲得更爲公平的回

報,包含學習狀況的改善或協助等。而互惠背後所使用的策略,則是綜效原則。

綜效原則是一種「協同增效」作用,是存在於自然界的基本原則(Covey, 2011)。例如:群鳥飛行時呈V形隊列結構會比單一小鳥更節省精力;在音樂上,節奏、旋律、和聲加總起來,可以創造出全新的音樂視野;在教育現場上,更可利用同儕綜效、團體綜效、行政綜效三層次來處理家長心目中的「不適任教師」(林英傑,2013);更可以利用五段式的綜效原則來型塑教學方向感,進行教師領域備課社群的運作(林英傑,2015)。綜效原則是一套思維模式與流程(圖1),透過研究對象的想法與研究者的想法共同產生同理洞察後,與利用綜效原則產生互惠,一起尋求雙贏,讓大家都能滿意的解決方案(Covey, 2011)。

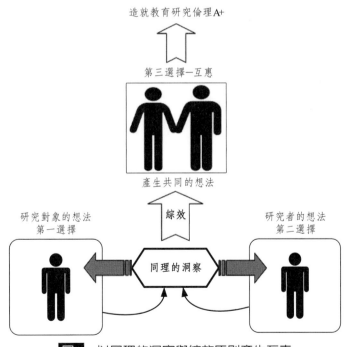

圖1 以同理的洞察與綜效原則產生互惠

四、綜效原則實例

「請問你做了這個親子共讀研究後，你會得到研究數據，那學生會獲得什麼？家長又獲得什麼」我問。「學生會接觸到使用平板，利用擴增實境的技術，讓恐龍從書本跳出來，使閱讀更新鮮有趣；家長可以藉由與孩子共讀的機會，瞭解孩子閱讀理解的狀況，以及增進親子之間的關係。」研究生答。

研究對象是否會因研究案而獲得受益，包含學習狀況的改善或協助等，實際上比表面的保密與承諾更為重要。畢竟，教育研究不是一場網球賽，只能有一方贏球，當研究者與研究對象雙方都贏，讓彼此滿意，更能創造出新的教育研究局面。

五、結語

西方有句諺語，叫做「要想知道別人的鞋子合不合腳，穿上別人的鞋子走一英里。」研究者在做研究時，都應「同理洞察自身」，詢問自己在研究上的定位與作用。倘若沒有自我同理的洞察，研究設計與過程皆只是我執的創造。另外，在同理洞察之後，若能進一步利用綜效原則的思維來考量研究對象，挖掘出讓研究對象受益的層面，讓彼此用教育的音符，共同譜出一段美好的研究和弦，唯有如此，才能「寸心知得失，文章傳千古。」

參考文獻

一、中文部分

姜雪影、蘇偉信譯（2013）。第3選擇：解決人生所有難題的關鍵思維（原作者：Stephen R. Covey）。臺北市：天下文化。（原著出版年：2011）

林英傑（2013）。以「綜效」原則處理家長心目中的「不適任教師」。臺灣教育評論月刊，2(12)，99-102。

林英傑（2015）。型塑「教學方向感」：以「綜效」原則進行領域備課社群運作。臺灣教育評論月刊，4(4)，147-150。

二、英文部分

Miles, M.B., & Huberman, M. (1994). *Qualitative data analysis: an expanded sourcebook* (2. ed.). London.

Sieber, J. E. (1992). *Planning ethically responsible research: a guide for students and internal review boards*. Newbury Park, CA: Sage.

第二十三章

大學教師指導學生學術誠信議題之探討

陳延興

國立臺中教育大學教育學系副教授

一、前言

　　近年來隨著高等教育廣設碩、博士班，我國學術研究走向普羅化，學位論文數量大幅成長，愈來愈多人投入學術研究，而研究倫理的議題也隨之受到重視。然而教育研究中有些議題需要考量複雜的倫理情境，不同的價值觀或論點會有所衝突，Pring（2000）就指出：研究者有權利去蒐集他們想要得到的資料，但是也可能傷害一些弱勢者；研究者可以廣泛地蒐集資料，也可能與資料的隱私議題產生衝突；處在一個民主的研究社群中，學術研究若可以禁得起公開的批評與討論，愈能接近知識真理的價值。

　　教育研究的主題或研究參與者大都與人有關，因此會涉及與倫理相關的面向，陳延興（2005）指出為何教育研究與倫理息息相關？主要有四個論點：第一，進行研究如何獲得最為真確與實在的資料，以提高研究的信效度或值得信賴度，除了研究者有獲得知的權利與能力之外，如何保護研究參與者並尊重其選擇權與自主性，需要研究者不斷進行自我反思；第二，教育本身就是一項饒富價值的活動，例如：教育的目的或價值、研究者之間的利害關係、研究成果等；第三，研究中所涉及的價值衝突或道德兩難情境，如何透過研究者專業的實務判斷做出適切的抉擇；第四，儘管有許多訴諸文字的倫理準則或規範，欠缺深度的道德思辨是不足夠的。因此，教育研究領域應當思考如何輔以相關的研究倫理教育，才能讓研究者的倫理知能更加完備，甚至身為授課教師或指導教授的大學老師，如何指導學生或處理學生可能違反研究倫理的議題，是當前教育研究倫理較少關注的面向。

　　本文從大學教師的角度出發，首先探討許多教授頭疼的問題：學術上的不誠實（academic dishonesty），包括大學生考試作弊、寫作業的抄襲或不當引用論文。對於上述問題若不加以處理，不僅是不合乎倫理的作為，也可能傷害大多數誠實的學生，甚至扭曲高等教育的目的。本文係著眼於研究倫理教育的探討，就形式層面上，我們已有諸多研究倫理準則與規範的論文或章則可供參閱。然而，實質上就如何處理學生違反倫理議題，與如何教導學生研究倫理的意涵，期能藉由本文提供研

究人員或大學教師參考。本文首先舉例說明指導教授面臨學生學術不誠信的個案，教授可能遇到的道德兩難或處理困境，進而提供相關做法作為教導學生研究倫理的方向，最後從作者的個人經驗說明學術誠信的價值。

二、學生學術不誠信的案例討論

本段要舉例說明大學教師遇到學生違反學術倫理的做法與思考。當教授發現學生舞弊的事件，通常覺得是個人的規範受到違背與不當對待，經常會出現生氣與反感的情緒反應。然而上述的負面情緒無法妥當地處理學術不誠實的問題，甚至其行為與態度也可能不合乎倫理。那麼，大學教師究竟如何面對上述的問題並加以妥善處理？本文參考 Keith-Spiegel, Whitley, Balogh, Perkins, & Witting（2002:127-128）的建議透過案例加以討論，例子如下：

> Gary 遞交論文初稿給指導教授 Danno，教授發現 Gary 大幅抄襲一本未出版的博士論文，比對之後，發現 Gary 並未適當的註明資料來源。當教授當面質問 Gary 時，他矢口否認，且辯稱他只是參考該本博論的架構，會重新組織與改寫段落，同時最後會加以引註。教授對於 Gary 的辯解無法認同，但是又不知道應該如何適當處理。

這個案例看似簡單，事實上牽扯到教授的工作職責與學生 Gary 明顯的抄襲行為。如果依照學校相關規定，教授理應向學校的相關委員會舉報，但是就學生的立場來看，也需要給予教育的機會，教授指導學生修正並加以修改，然而學生卻又辯稱自己沒有抄襲，學校規定任何疑似的案例都需要舉報，究竟該名教授應該如何處理？

Keith-Spiegel 等（2002）提醒我們學生是否有涉及抄襲的情形，應該依照學校的相關規範確認，譬如說究竟論文草稿沒有適當引註算是抄襲嗎？還是只有認定已完稿的論文？在撰寫過程中的論文，教授是否理應先適當地提醒或警告學生？是否需要徵詢系所主管或行政人員的意

見，先看看瞭解後續應該如何處理。該書作者群建議：該教授發現抄襲的例子，建議要以影印一份留存，且必要時可以作爲證據。此外，教授應該謹慎地指導學生論文大綱或格式、參考文獻寫法與如何統整論文的各個段落。因此，教授除了負有職責教導學生專業領域的知識之外，也包括各領域的學術與專業倫理。相關的倫理教育包括事先提供學生充分的資訊，也期待學生做出合乎倫理的態度負起職責。

　　身爲研究人員針對該事件，可以討論的問題如下：究竟是否教授相信Gary的抄襲是有意或無意的？如何確定學生是否有意或無意剽竊？學生是否有其他不當的行爲？上述提到大學教師有職責教導學生相關的倫理教育，身爲教授，應該如何傳達與教導有關避免學術不誠信的資訊給學生？

　　依據筆者在大學服務的處理經驗，身爲教授理應給予學生機會遷善，並教導他們辨別是非對錯。但是也曾處理過學生堅持不承認錯，甚至都怪罪別人的案例。筆者建議大學教師宜深入確認學生是否確有犯意，透過與學生懇談和相關人員深入瞭解，並考量該生是否有其他類似的問題，教師應該妥切處理，即使考量學生的立場，也需要讓學生知道問題的嚴重性，且明確告訴學生日後應該符合研究倫理的相關規範。

　　此外，筆者也曾聽過有學生並未徵詢教授同意，利用下課休息時間，擅自到講桌複製教授的教學與研究資料，事後甚至剽竊教授的相關資料而不願承認的事例。有關違反學術倫理的案例，目前有較多規範性的應然討論。這是屬於事先防弊的面向，但是較少討論當教授發現學生違背時的後續處理事宜。

　　此外，依據筆者的教學與指導學生經驗，在內容處理的部分，少部分學生在引用他人論著時無法妥切拿捏，可能會有剽竊之嫌。另外，研究生常會引用碩士論文內容作爲學理的參考文獻，筆者都會建議最好是參考學者專書或嚴謹的期刊論文，而不要只有參考學位論文中研究生對於理論的整理，而是要親自讀過第一手文獻資料，許多研究生可能會貪求一時方便而出現違反倫理的作爲。當發生學生違反誠信的行爲時，有些學者又認爲沒有太大關係，可是筆者認爲如果沒有讓他們思考並說出犯了哪些錯誤，或是明確告訴學生哪裡犯錯，以及犯錯對於個人自身及

未來長久前途的影響，很可能學生會不以為意而繼續犯錯，因此適當的指正學生是必要的。這就構成了教導研究倫理的必要性，但如何具體進行？我們需要進一步思考。

三、研究倫理之教導

近年來，侵犯學術研究倫理的案件層出不窮，大到教育部長、校長或相關知名教授，任何可能的瑕疵都會影響到學術的誠信與純淨性。如同前史丹佛大學校長Donald Kennedy《在學術這一行》（*Academic duty*）一書中所點醒所有學術人的話：學術自由與學術責任二者缺一不可（楊振富譯，2000）。書中提到許多與誠信相關的議題，都值得我們一再謹慎處理。

教育部於2014年起委託交通大學設立「校園學術倫理教育與機制發展計畫」辦公室，發展學術倫理教育之課程內容與數位教材，作為大學教師教導學生研究倫理之重要教材，也成為學生進行論文研究與寫作之主要參考依據，該計畫也鼓勵大專院校教師設計研究倫理課程或融入研究方法教導學生研究倫理（網址：https://ethics.nctu.edu.tw/）。筆者認為該計畫提供大學教師適當的教材進行教學，有助於研究生自學與理解研究倫理的實質意涵。

然而，針對大學教師如何教導學生研究倫理的探討較少，Schrag（2002）指出教導研究倫理的任務有四：第一，研究人員需要認知到研究倫理的重要性，瞭解研究人員對於倫理議題的認知情形是否充足；第二，解決研究過程中實際的道德議題，研究歷程中所面臨衝突的道德考量，如何思辨討論或協商，研究者需要具備道德想像力加以妥善處理；第三，針對之前的研究行為進行道德推論與判斷；第四，提供與研究倫理相關的重要資訊或討論，讓研究人員能預先對於研究倫理有一定的瞭解。同時Schrag（2002）也提及教導研究倫理的目標，包括：促進道德的想像、重視倫理的議題、引發道德的義務感、發展分析的技巧、降低不一致性或模糊處；而研究機構或學校可以透過研究倫理工作坊、進行案例探討或是提供相關的研究倫理課程加以指導學生。

筆者曾無意間在線上發現有一位在職中學教師，他在擔任研究生的

時候曾經高達90%抄襲複製我的碩士論文文獻探討內容，刊載在他任職學校的學術刊物中，我主動聯繫他，告訴他這樣的做法是不對的，我只要求他立即撤掉該篇文章的電子全文，且在下一期的刊物中註明該篇文章撤銷，我覺得這樣至少能夠保全學術的誠信價值。之後，對方也確實依照我的要求而做出修正。筆者也曾經發現大陸某學者大幅抄襲臺灣學者的論著，並刊登在大陸教育學術的重要期刊中，筆者主動告知臺灣的受害學者處理。

　　學術界有許多實務上會有所爭議的問題，一直欠缺明確的規範，例如：指導教授是否可以找配偶擔任口試委員？筆者認為需要利益迴避，建議各學術機構訂定相關的準則，但是目前並非所有學術機構均有訂出相關的規範，僅有少數學校有訂定，例如「國立高雄師範大學研究生論文指導教授與考試委員迴避準則」於2002年第3條第2款載明：

> 「具有以下關係者應自行迴避擔任研究生之指導教授、資格考試或口試委員：……資格考試、口試委員與研究生之間具有配偶、前配偶、三親等內之血親、或二親等內之姻親或曾有此親屬關係者。」

　　此外，研究生完成碩士論文後，指導教授與研究生之間共同研究後，論文發表的主從關係應該如何？有些學者認為指導教授負擔主要指導之責或提供觀念與學理，當研究生的論文發表後，指導教授理應擔任第一作者，也有教授認為那是學生為主體的研究，應由研究生擔任第一作者，或者甚至是單一作者。筆者建議各學術機構需要訂定類似的利益迴避準則。

　　當前有許多的討論都與學術人員的研究倫理議題有關，然而較少探討學術人員與指導學生或授課學生之間的倫理議題。當大學教師在嚴守個人學術誠信之餘，遇到學生或年輕學者的學術不誠信作為，究竟應該如何指導與處理？亟需由教育學術人員共同討論與進行共同訂出實質的規範。

四、結語

高等教育的工作繁重、壓力龐大，如何兼顧教學、學術研究、學生輔導與指導、和行政服務等面向，實在不容易。本文作者從相關的學術討論、案例、與個人經驗中提出學術倫理的重要性，除了學術人員本身的自我要求，更需要適當處理學生或研究生的不當倫理行為，重視如何妥善且周全的教導學生具備應有的學術倫理。

最後筆者從個人的博士論文口試的故事作為結語。筆者在英國求學，當即將進行博士論文口考（英國稱為viva）時，詢問指導教授是否需要幫委員準備茶點，教授告訴我：在英國，即使一杯水，都可能是賄賂，所以絕對不行，但是學校會準備簡單的咖啡、餅乾和茶水。筆者的母校倫敦大學教育學院的博士口考只需要兩位委員即可，由指導教授通過程序後尋找至少一校外委員。但是在口試過程，指導教授是由主席決定是否邀請入席，即使入席也無法發言，除非是主席請他補充或說明。最後，在討論成績與修改情形時，指導教授和我一起要到外面等候口試委員的決議。換言之，在英國非常謹慎處理口試的議題，這和我國時有耳聞的指導教授極力護航的荒謬情境極為不同。

最後，在兩位英國學者的口試過程中，我感受到的是，他們在乎的是研究者對於該研究主題的掌握情形，是否真的是研究生的論文與創作。換言之，他們對於誠信的重視與堅持，讓我學到了我們也應該如此教導我們的學生與未來學術人員。筆者想藉此說明的是大學教師本身的身教與對於倫理的堅持更為重要，需要所有學術社群成員共同努力與承擔職責。

參考文獻

一、中文部分

陳延興（2005）。培養德行的研究社群：英國教育研究倫理之發展與實際。**比較教育**，**59**，30-58。

楊振富譯（2000）。D. Kennedy著。在學術這一行（**Academic duty**）。臺北：天下文化。

二、英文部分

Keith-Spiegel, P., Whitley, B. E., Balogh, D. W., Perkins, D. V. & Witting, A. F. (2002). *The ethics of teaching: A casebook* (2nd). Mahwah, NJ & London: Lawrence Erlbaum Association.

Schrag, B. (2002). Changing the culture of science: Teaching research ethics to graduate students and post-doctoral fellows. *Center for the Study of Ethics in Society Papers.* Paper 63. http://scholarworks.wmich.edu/ethics_papers/63

Pring, R. (2000). *Philosophy of educational research* (2nd). London & New York: Continuum.

第二十四章

我國研究生負責任的研究行為初探：以課程報告為例

葉建宏

國立臺灣師範大學工業教育學系博士生

一、前言

　　負責任的研究行為除研究人員及大學校院教師須瞭解及遵守之外，研究所學生及有從事基礎入門研究之學生，皆應瞭解負責任的研究行為之內涵及恪守其規範。且多數大學校院於研究所課程中，已有教授負責任的研究行為之概念及學術倫理規範，研究所學生亦知曉如違反負責任的研究行為可能面臨嚴重處分，但仍有學生願意犯險進行不負責任的研究行為；而不負責任的研究行為係指不遵循學術倫理規範，進行不當研究行為（臺灣學術倫理教育推廣資源中心，2016）。

　　伴隨網路與科技的蓬勃發展，近十多年來，已發表之學術研究被舉發不當研究行為之案例迅速增長，被檢舉者包含研究所學生、已取得學位之畢業生、研究人員，以及大專校院教師等。

　　被舉發違反負責任的研究行為並經查實者多會受到嚴厲處分，且違反事實並不因年代久遠而不被追究。有鑑於此，學位論文若涉及違反負責任的研究行為，重則撤銷學位；政府機關補助之研究計畫若違反負責任的研究行為，則可能面臨停止申請計畫處分及補助經費繳回等問題；升等著作若違反負責任的研究行為，則可能會被取消升等資格及繳回升等後之溢領薪資等處分，國際期刊發表若違反負責任的研究行為，除撤除該篇論文；違反負責任的研究行為，不僅使個人名譽受損、遭受個人懲戒，以及共同作者受到連坐處分與名譽受損外，亦可能使國家及任職單位聲譽受到重大傷害。

　　過去，學位論文可依個人意願選擇是否公開，原為尊重個人權益卻成為學位論文抄襲氾濫的助力之一（李昭安，2016）；是以，經濟部智慧財產局（2016）提出第四版《著作權法》修正草案，待立法院三讀通過後，未來除涉及專利與國防機密才能選擇不公開學位論文，否則修法通過後，未於法規所列特殊因素之博碩士學位論文皆視為授權同意公開發表。

　　由前述可知，違反負責任的研究行為所遭受之處分，將嚴重影響學業、事業、聲譽及個人生涯發展，而被舉報者其違反負責任的研究行為之時間點則可追溯至研究所就學時期，故此我國研究所學生之負責任

的研究行為乃係值得探討之議題，因研究所課程報告係屬較為基礎之研究，以此為探討方向，能更加瞭解學生對於研究行為之態度，故本文以此作為主要探析面向。

二、負責任的研究行為

負責任的研究行為、學術倫理及研究倫理等名詞皆在論述相同事情，即泛指對於正確的研究行為之準則及應恪守之行為，而負責任的研究行為一詞最早使用於西元1991年，美國衛生研究院（National Institutes of Health [NIH]）所開設之學術倫理培訓系列課程，名為「負責任的研究行為（Responsible Conduct of Research [RCR]）」，課程內涵包含四大面向，分別為誠實（honesty）、正確（accuracy）、效率（efficiency）及客觀（objectivity）等學術倫理規範，其代表意涵分別為，「誠實」意指真實的蒐集與處理研究資料；「正確」表示應準確地撰寫研究發現；「效率」係指懂得如何應用資源，避免社會資源浪費；「客觀」代表研究者應秉持中間立場，使研究結果能完整呈現，避免不當的偏差詮釋（Steneck, 2007；郭英調，2015；臺灣學術倫理教育推廣資源中心，2016）。

負責任的研究行為最初係針對科學研究來進行課程內容之設計，而現今人文及社會科學領域亦以「負責任的研究行為」四大面向為學術倫理基準。本文所稱「負責任的研究行為」意指以正確之態度與執行研究步驟，真實呈現個人研究成果，客觀陳述研究結果，並應避免抄襲、剽竊、一稿多投等違背學術倫理規範之事項。

我國科技部制定「科技部對研究人員學術倫理規範」，規範中提出十四點學術倫理守則，其內容包含：研究人員應有之態度、詳明違反學術倫理之行徑、資料蒐集與分析之要領、研究資料保存、公開及共享研究成果、正確註明參考資料來源、避免自我抄襲、避免一稿多投、遵守共同作者之責任、遵循同儕審查之保密與客觀準則、遵行利益迴避原則、主動舉發違背學術倫理之行徑、對於舉發人之隱私保護、學術機構維護學術倫理規範之責任等，以約束我國研究人員（含研究所學生）於進行研究時，應遵守負責任的研究行為（科技部，2014）。

三、課程報告違反負責任的研究行為之案例

實例一：課程報告一稿二交

甲生修習的A課程於期末時需繳交個人研究報告，在期末時，甲生準時繳交了研究報告，看似正常的報告內容，於文末卻發現其他三位同學參與該報告的分工明細，進一步瞭解時，發現甲生所繳交的作業係該學期另一門課程的小組報告，已違反了禁止一繳二交的規範；且同一份作業二交外，小組同學是否知情且縱容甲生的行為，又是另一個值得深究的問題。

此案例已違反「科技部對研究人員學術倫理規範」第8點規定，應避免一稿多投，雖課程報告未涉及出版或社會資源浪費等問題，但仍牽涉到課程分數評量與公平正義原則。

實例二：修改研究數據至理想結果

乙生所修習的B課程報告需以問卷調查法來進行調查研究，但所回收的數據之分析結果不理想，致使研究假設結果不成立，且於進行信、效度分析時，結果亦不達標準，故乙生透過修改研究數據的方式，使得研究數據之分析結果符合自我期待。

此案例已違背負責任的行為中的「誠實」與「正確」等二面向，以及「科技部對研究人員學術倫理規範」第3點規定，研究人員應客觀且真實地呈現研究結果，且不得捏造或竄改數據資料。

實例三：將他人報告當作自己的作業繳交

丙生選修的C課程在期末時需繳交以「小組」為單位的期末研究報告，但丙生所屬之組別並未實際進行研究，而是私下拿取已修過C課程之課程助教所撰寫的期末研究報告來繳交，當課程助教在檢查作業時發現自己的期末研究報告被丙生拿來繳交時，課程助教憤而向授課教師

檢舉丙生行逕，丙生除受到授課教師訓示外，此事件亦引發同儕間的非議。

此案例違反負責任的行為中的「誠實」面向及「科技部對研究人員學術倫理規範」第2點規定，剽竊他人成果作為個人報告繳交，以不當手段影響研究報告之分數評比。

實例四：課程報告大量全文引述文獻內容

丁生的期末報告大量複製文獻資料填充報告內容，再重新排版，同時亦未遵循合理之引用比例，而是大量的全文引述文獻內容，雖有註明資料來源，但已是屬不當引述，同時涉嫌了嚴重抄襲。

此案例違反負責任的行為中的「誠實」面向及「科技部對研究人員學術倫理規範」第2點規定中所述抄襲行為，以大量文獻內容拼湊組合出一篇新的文章，以不當行為影響報告審查。

研究所學生負責任的研究行為實踐程度之分析

上述四例為學生慣於使用之不負責任的研究行為，實例中，又以修改研究數據之比率最高；此外，筆者於2016年針對研究所學生負責任的研究行為進行量化研究，針對臺灣北、中、南三區進行網頁問卷調查，共回收288份有效樣本，研究結果發現，取樣中的研究所學生超過五成曾經發生「假造研究結果之量化數據或質性資料」、「將研究流程修改得比真實執行情況更加嚴謹」及「在引述他人之觀點時，卻未註明資料來源」等不負責任的研究行為，如表1所示。

表1 研究所學生負責任的研究行為實踐程度之分析一覽表

不負責任的研究行為	曾經違反	未曾違反
1. 假造研究結果之量化數據或質性資料。	52%	48%
2. 將研究過程修改成比真實執行情形還嚴謹。	62%	38%
3. 為使研究結果符合假設或理論，而去竄改數據或相關資料。	39%	61%

表1（續）

不負責任的研究行為	曾經違反	未曾違反
4. 假造受試對象、研究步驟或相關資料。	33%	67%
5. 引用或翻譯別人之著作，卻未註明資料來源。	51%	49%
6. 引述他人之觀點，卻未註明資料來源。	56%	44%
7. 將他人的研究當成自己的研究成果發表。	16%	84%

資料來源：葉建宏、彭逸玟、吳光偉（2016）。研究所學生「負責任的研究行為」認知、態度與實踐程度之相關研究。**中科大學報暨教育特刊**，3(1)，161-176。

四、研究所學生違反負責任的研究行為之因素探析

尹玫君（2015）研究指出，研究所學生違反學術倫理之主要因素有三項，分別為：一、研究所學生為取得學位之壓力；二、撰寫學位論文之時間限制；三、發表學術文章為畢業條件之一；上述三種皆可能使研究所學生選擇以不負責任的研究行為完成研究。

筆者亦於研究中發現，研究所學生於課程報告中違反負責任的研究行為之主要因素有二點：一、因學期之課程時間限制且課程報告不會公開發表，故學生較容易以違反負責任的研究行為之形式完成課程報告；二、班級中同儕彼此間的研究風氣，亦容易相互影響，如班級中同儕間多數遵守負責任的研究行為，則此班級以不負責任的研究行為來進行研究的人數則會相對較少，反之，若同儕間較高比例不遵守學術倫理規範，此班級進行不負責任的研究行為之人數亦會較多。

筆者為撰寫本文與四名不同學術領域之研究所學生進行簡易對談，俾利筆者更加理解研究所學生對於負責任的研究行為之認知、恪守程度與同儕之恪守程度；受訪者表示身旁同儕確實有就讀研究所之原因僅係為取得碩士學位，以找到較高的工作待遇之職務，但對於學術研究並無熱誠的例子，因此，該類型同儕會以抄襲、假造研究數據、一稿二交等不負責任的研究行為，來敷衍課程研究報告，更嚴重者亦可能以前述之行為來完成欲投稿之文章及學位論文。

此外，筆者於對談過程亦發現，在違反負責任的研究行為之學生

中，有部分係因對於論文撰寫規範不夠清楚，在引用文獻資料時出現錯誤，亦或是原文引用時使用錯誤之標點符號標示，雖爲無心之過，但仍係違反了負責任的研究行爲，因此可能遭到處分。

五、結語與建議

(一) 結語

　　相較於過去，現今研究所學生違反負責任的研究行爲之情況較爲嚴重，除因目前研究所數量供過於求，而無法嚴格篩選有研究熱誠之學生；又或是因網路資訊發達，較容易使用網路違反負責任研究行爲；亦有可能因取得文獻方便，使學生更容易抄襲文獻資料，故此，本文針對常見之不負責任的研究行爲之解決方式提出五點建議。

(二) 建議

1. 將課程內容或研究方向結合生活時事，以培養學生之研究興趣

　　將課程內容或研究方向結合時事，進而培養學生研究興趣。舉例言之，今（105）年暑假手機遊戲《精靈寶可夢GO》（Pokémon GO）所引發的寶可夢風潮，促使國立臺灣大學地理環境資源學系助理教授洪廣冀開設《公民、科學與地方》課程，又名「寶可夢研究」，期盼將學識理論與生活時事結合，此課程受到學生正面回應。

2. 建立學生正確之價值觀念並培養學習風氣

　　除應建立學生正確之價值觀念，亦需鼓勵學生依個人最大努力完成課程報告，遵守負責任的研究行爲。同時可透過研究生讀書會方式，培養學習風氣，同儕間良好的學習風氣，或多或少會導正不負責任的研究行爲，亦可使同學相互督促研究進度，以免在期末時才發現報告進度嚴

重落後，而以不負責任的研究行為完成研究報告。

3. 將學術倫理研習時數明訂為畢業條件之一

學術倫理研習係近年來各大學校院所著重的學術活動之一，多數研習皆以免費方式舉辦之，且單次研習時數並不長，較不容易影響個人學習或私人作息時間，故學校或系所可將研究生每學期皆須參與學術倫理相關研習作為畢業條件之一，透過每學期的研習，加深學生對於學術倫理規範之印象。

4. 要求研究所學生繳交課程報告時，須附上論文比對結果

愈來愈多的大學校院採購論文比對系統來比對學位論文，而論文比對系統除可作為比對學位論文之功能外，亦可善用其比對精確之特點，規定學生於課程報告繳交的同時，須附上研究報告之比對結果作為佐證資料，並訂定研究報告之比對結果相似度指數應低於一定比例，以保證研究報告並未涉及抄襲與不當引用；且若從細處開始規範學生，亦可使學生逐漸養成良好的研究習慣，同時可維持其研究品質。

5. 增加論文引用格式及學術文章寫作規範之授課時數

在撰寫研究文章或報告時，學校、系所或教師多數會要求學生依照所屬專業領域之常用文獻引用格式及論文規範來撰寫文章，如APA及Chicago等引用格式，而此二種引用格式，雖然皆可透過網路搜尋到學者中文翻譯版本的內容，且多數系所於研究方法相關課程中亦會教授引用格式及撰寫規範，但其引用細節等方法，仍須特別提醒及教導學生才得以瞭解，因常有學生於課堂中學習過與文獻引用格式相關之課程內容，卻仍出現引用不當的情形，故以開設與論文引用格式之專門課程有其必要性。

參考文獻

一、中文部分

尹玫君（2015）。我國研究生之研究不當行為的調查研究。**教育學誌，34**，81-119。

李昭安（2016年5月4日）。著作權法修正碩博士論文強制公開。**聯合新聞網**。取自http://udn.com/news/story/7321/1671172-%E8%91%97%E4%BD%9C%E6%AC%8A%E6%B3%95%E4%BF%AE%E6%AD%A3-%E7%A2%A9%E5%8D%9A%E5%A3%AB%E8%AB%96%E6%96%87%E5%BC%B7%E5%88%B6%E5%85%AC%E9%96%8B

科技部（2014）。科技部對研究人員學術倫理規範。取自https://www.most.gov.tw/most/attachments/dec39aba-cc31-472b-8b36-cf45f6f55500

郭英調（2015）。學術倫理教育訪問報告搶救科學研究——負責任的研究行為。**科技報導**。取自http://scitechreports.blogspot.tw/2015/01/blog-post_3.html

經濟部智慧財產局（2016）。**著作權法修正草案（第四稿）**。取自https://www.tipo.gov.tw/public/data/641317212171.pdf

葉建宏、彭逸玟、吳光偉（2016）。研究所學生「負責任的研究行為」認知、態度與實踐程度之相關研究。**中科大學報暨教育特刊，3**(1)，161-176。

臺灣學術倫理教育推廣資源中心（2016）。**研究倫理核心課程簡介手冊**。取自http://aca.nccu.edu.tw/db/upload/%E7%A0%94%E7%A9%B6%E5%80%AB%E7%90%86%E6%A0%B8%E5%BF%83%E8%AA%B2%E7%A8%8B%E7%B0%A1%E4%BB%8B%E6%89%8B%E5%86%8A.pdf

二、英文部分

Steneck, N. H. (2007). *ORI Introduction to the Responsible Conduct of Research*. Retrieved from https://ori.hhs.gov/sites/default/files/rcrintro.pdf

您，了没？

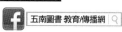

趕緊加入我們的粉絲專頁喲！

教育人文 & 影視新聞傳播～五南書香

國家圖書館出版品預行編目資料

教育學門的研究倫理：理念、實況與評析／方
志華，張芬芬主編. ——初版. ——臺北市：
五南，2017.06
　面；　公分
ISBN 978-957-11-9251-2（平裝）

1.教育倫理學

198.52　　　　　　　　　　106010523

1IZZ

教育學門的研究倫理
理念、實況與評析

主　　編 — 方志華（4.6）　張芬芬

發 行 人 — 楊榮川

總 經 理 — 楊士清

副總編輯 — 陳念祖

責任編輯 — 李敏華

封面設計 — 姚孝慈

出 版 者 — 五南圖書出版股份有限公司

地　　址：106台北市大安區和平東路二段339號4樓

電　　話：(02)2705-5066　　傳　　真：(02)2706-6100

網　　址：http://www.wunan.com.tw

電子郵件：wunan@wunan.com.tw

劃撥帳號：01068953

戶　　名：五南圖書出版股份有限公司

法律顧問　林勝安律師事務所　林勝安律師

出版日期　2017年6月初版一刷

定　　價　新臺幣480元